Keith Wicks

Wein keltern

Bearbeitet von Martin Voit

Otto Maier Verlag
Ravensburg

Deutsche Erstausgabe
Die englische Originalausgabe
erschien unter dem Titel »Wine and Wine-making«
bei Macdonald Educational Ltd.
(ISBN 0-356-06008-X)
© 1976 by Macdonald Educational Ltd., London
© 1980 der deutschsprachigen Textfassung
Otto Maier Verlag, Ravensburg
Übersetzt von Ilex Neß
Bearbeitet von Martin Voit
Umschlagfoto von Franz Lazi, Stuttgart
Gesamtherstellung: Appl, Wemding
Printed in Germany

85 84   6 5

ISBN 3-473-43051-X

Inhalt

7 Die Geschichte des Weins
12 Die Traube
13 Die gewerbliche
Weinherstellung
22 Die Gärung
26 Vom Gärgefäß zur Flasche

31 Die Grundzüge der
Weinbereitung
37 Reinigen und Sterilmachen
41 Die Zutaten vorbereiten
53 Die Saftinhaltsstoffe
59 Den Most vergären
65 Klären, Verstärken,
Verschneiden
74 Den Wein zur Reife bringen
und abfüllen
81 Den Wein servieren

88 Die Weinrezepte
90 Traubenwein
92 Traubenwein aus Konzentrat
93 Apfelwein
94 Apfelwein aus Konzentrat
95 Apfelcider
96 Birnenwein
96 Johannisbeerwein rot und weiß
97 Johannisbeerwein schwarz
98 Erdbeerwein
99 Brombeerwein
99 Sauerkirschwein
100 Heidelbeerwein
100 Stachelbeerwein
101 Rhabarberwein
101 Hagebuttenwein
102 Holunderbeerwein
103 Schlehenwein
104 Himbeerwein
104 Quittenwein
104 Mirabellenwein

105 Pflaumenwein
105 Aprikosenwein
105 Ananaswein
106 Reiswein
106 Orangenwein
108 Honigwein
108 Pfirsichwein
109 Holunderblüten-Wein
109 Löwenzahnblüten-Wein

111 Die Rolle der Mikroorganismen
113 Umrechnungstabellen für
Zucker und Alkohol aus dem
Mostgewicht
115 Weinseminare und
Informationen
116 Bezugsmöglichkeiten
117 Fachausdrücke und Stichworte

Die Geschichte des Weins

Die Kultur hat dem Wein viel zu verdanken. Denn nach den Erkenntnissen der Archäologen soll es vor allem der Weinbau gewesen sein, der die Menschen bewog, seßhaft zu werden. Entdeckt hat man den Wein vermutlich um 10 000 v. Chr. im östlichen Mittelmeerraum. Im warmen Klima jener Region wurden Trauben zu Wein, ohne daß der Mensch helfend eingreifen mußte. Wenn reife Trauben quellen und platzen, dringen die natürlicherweise auf den Schalen sitzenden Hefepilze in die Beeren ein. Diese Hefen vergären den Zucker und bilden dabei Alkohol. So konnte man Trauben, die man in einer Schüssel in der Sonne stehen ließ, in eine Art Wein verwandeln.

Ein Geschenk der Götter

Verglichen mit anderen Getränken der damaligen Zeit war Wein ungemein schmackhaft und wegen seiner stimmungsfördernden Wirkung äußerst beliebt. Abgesehen vom »Kater«, unter dem man nach übermäßigem Weingenuß litt, schien das Trinken keine gesundheitlichen Schäden hervorzurufen. Tatsächlich erwies sich Wein als ein ungefährlicheres Getränk als Wasser; Weintrinker hatten seltener Fieber. Die selbsttätige Umwandlung von Trauben in Wein erschien den Menschen der Antike als ein Wunder. Und so war es ganz natürlich, daß sie den Wein mit den Göttern, der Religion und den magischen Kräften im Bunde sahen.

Diese griechische Vase stammt aus dem 5. Jahrhundert v. Chr. Das Bildmotiv zeigt das beliebte »Kottabos«-Spiel: Man mußte Wein aus dem Becher in eine auf einer Stange balancierte Schale schleudern.

Als man die angenehmen Eigenschaften des Rebensaftes erst einmal erkannt hatte, nahm der Bedarf an Wein schnell zu. Man legte Weinberge an und entwickelte in Persien, Ägypten, Griechenland und Rom durch fortwährendes Experimentieren zuverlässige Techniken der Weinbereitung. Die Griechen und Römer stellten Weine her, die sie kräftig mit Kräutern und Spezereien würzten und mit Blüten und Duftessenzen parfümierten. Diese Mixtur verdünnte man meist mit heißem Wasser – wenn möglich, mit Meerwasser. Den Wein unverdünnt zu trinken, galt als äußerst geschmacklos.

Zu jener Zeit wurde der Wein, bis man ihn servierte, in großen Behältnissen gelagert. Die Griechen benutzten große Tongefäße und Ziegenfell-Beutel. Die Römer verwendeten Ton-Behälter und Holzfässer. Sie besaßen auch Glasflaschen; diese dienten jedoch nur als Serviergefäße und nicht als Behältnisse für die langfristige Lagerung.

Die ersten Winzer

Wein und Kultur waren stets untrennbar miteinander verbunden. Und so entstanden, als sich die großen Reiche ausdehnten, in der ganzen westlichen Welt Weinberge. Die meisten bedeutenden Weinberg-Anlagen in Frankreich und Deutschland stammen aus der Zeit der römischen Besetzung (ca. 400 vor bis ca. 400 nach Christi). Die Invasoren wählten die einfachsten Marschrouten – das waren die Flußtäler – und pflanzten dort Reben an, um sicherzustellen, daß es ihnen nie an Wein mangele. In diesen Gebieten setzte sich der Weinanbau schnell durch, da Boden und Klima ideale Bedingungen boten. Überdies ließen sich die schweren Weinfässer leicht per Schiff auf den Flüssen transportieren. Nach dem Untergang des römischen Reiches übernahm die Kirche in den meisten Gebieten den Weinanbau. Bestrebt, die Qualität des Weins zu verbessern, experimentierten die Mönche mit vielen Rebsorten. Im

17. Jahrhundert wußte man schon, welche Rebsorten sich für bestimmte Böden und Klimazonen am besten eigneten. Daher bevorzugten die Winzer eines Anbaugebiets gewöhnlich eine bestimmte Rebsorte und produzierten so einen für diese Region charakteristischen Wein.

Qualitätsverbesserung in der Flasche

Der Wein wandelte sich im Verlauf der Geschichte weiter dadurch, daß man den sich ändernden Geschmacksrichtungen Rechnung zu tragen suchte. Eine entscheidende Veränderung trat mit der Verwendung des Korkens gegen Ende des 17. Jahrhunderts ein. Von jetzt ab konnte Wein auch über einen längeren Zeitraum hinweg in Flaschen gelagert werden. Verwendete man zunächst Flaschen vor allem aus praktischen Gründen, so erkannte man jedoch nach und nach, daß das Abfüllen in Flaschen einen weitaus bedeutsameren Vorteil mit sich brachte. Man wußte zwar damals schon, daß im Holz gelagerter Wein mit zunehmendem Alter reift und seine anfängliche Rauhheit verliert, aber doch bald wegen der größeren Sauerstoffaufnahme seine Genußreife einbüßt. Dagegen verbesserte sich der in Flaschen

Alte Wandteppiche und Gemälde zeigen, daß sich an den Techniken der Weinherstellung über die Jahrhunderte hinweg im Prinzip nichts geändert hat. Hier werden die Trauben, sobald sie geerntet sind, zerstampft und gepreßt, um den Saft von den Schalen und anderen festen Fruchtteilen zu trennen.

gefüllte Wein mit der Lagerung über alle Erwartungen hinaus. Geschmack und Aroma entwickelten sich in manchen Fällen so vorteilhaft, daß ein zunächst als zweitklassig beurteilter Wein zu einem großen Erfolg wurde.

Philosophisches um den Wein

Im Verlauf der Jahrhunderte haben sich bedeutende Männer über den Wein geäußert:

– Plato lobt: Wein ist der Götter größtes Geschenk an die Menschen.

– Paulus empfiehlt in der Bibel (erster Brief an Timotheus, Kapitel 5, Vers 23): Trinke nicht mehr nur Wasser, sondern brauche ein wenig Wein um deines Magens willen, damit du nicht krank wirst.

– Martin Luther verbreitet diese Lebensweisheit: Wer nicht liebt Wein, Weib und Gesang, bleibt ein Narr sein Leben lang.

– Thomas Becon wettert dagegen: . . . kommt Wein herein, geht der Verstand hinaus.

– John Gay hatte eine weitaus bessere Meinung vom Wein: Füllt jedes Glas, denn Wein beflügelt uns, feuert uns an, erfüllt uns mit Mut, Liebe und Glück.

– Doch Plutarch, ein altgriechischer Schriftsteller, dürfte den Wein am treffendsten umschrieben haben »Der Wein ist unter den Getränken das Nützlichste, unter den Arzneien die Schmackhafteste und unter den Nahrungsmitteln das Angenehmste«.

Eine Katastrophe bricht herein

Um die Mitte des vorigen Jahrhunderts nahm das Weingeschäft einen immensen Aufschwung; der Anbau und der Handel blühte. Doch plötzlich brach eine unvorstellbare Katastrophe herein. Aus Amerika wurden damals Reben nach Europa eingeführt. Das Unglück wollte es, daß die Rebstöcke in Amerika, von denen die Triebe (Ruten) abgemacht und exportiert wurden, mit Rebläusen befallen waren, einem in Europa bis dahin unbekanntem Insekt. Innerhalb von 10 Jahren breitete sich diese »Seuche« über den ganzen Kontinent Europa aus. Diese Rebläuse befielen die Wurzeln der europäischen Reben, und vernichteten so Rebstock um Rebstock. Glücklicherweise wurden nicht alle Rebstöcke befallen und so konnte man mit dem Neuaufbau beginnen, indem man die europäischen Edelreben auf die amerikanischen aufpfropfte (veredelte). Man hatte nämlich erkannt, daß die amerikanischen Reben an den Wurzeln resistent gegenüber der Reblaus waren, d. h. diese Wurzeln wurden im Gegensatz zu den Wurzeln der edlen Europäerreben nicht geschädigt. Seitdem ist in Deutschland die Umstellung von reinen Europäerreben auf Pfropfreben mit den amerikanischen Unterlagen (wie dieser Wurzelteil genannt wird) Zug um Zug erfolgt. Diese Kombination hat aber zur Folge, daß die Lebensdauer dieser Rebstöcke eingeschränkt wurde; während die Stöcke der Europäerreben fünfzig und mehr Jahre werden, beträgt die Lebenserwartung der Pfropfreben nur zwanzig bis dreißig Jahre.

Wissen und Wahrnehmen

Die seit Ende des vorigen Jahrhunderts gewonnenen wissenschaftlichen Erkenntnisse haben der Weinherstellung viel von ihrem Geheimnisvollen genommen und geholfen, beständigere Ergebnisse zu erzielen. Doch wenn wir auch heute einen Wein zu analysieren und seine wesentlichen Bestandteile zu bestimmen vermögen, gibt es noch kein wissenschaftliches Prüfgerät, mit dem sich die Gesamtqualität dieser höchst komplexen und einzigartigen Mischung messen ließe. Um diese zu bewerten, müssen wir uns wie seit eh und je auf unsere Sinnesorgane (Augen, Geruchs- und Geschmackssinn) verlassen (chemische Analysen und Sinnesorgane müssen sich ergänzen).

Weinlese in einem französischen Weinberg. Ein Stich aus dem frühen 19. Jahrhundert

11

Die Traube

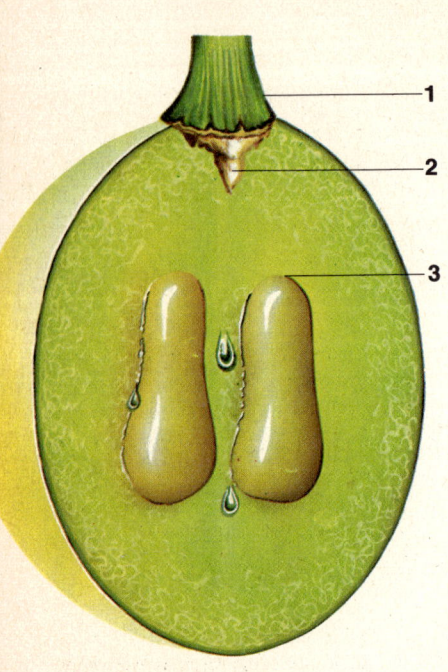

**Die Beere einer Weintraube besteht
normalerweise aus dem Beerenstiel
(1), der im sogenannten Pinsel endet
(2), den Kernen (3), den inneren (4),
mittleren (5) und äußeren (6)
Fruchtfleisch-Zonen und der Schale
oder Hülse (7)**

Traubenwein kann aus verschiedenen
Grundstufen gewonnen werden: (a)
frischer Traubensaft, (b) erhitzter
Traubensaft, (c) Traubensaft-Konzentrat und (d) gefrorener Traubensaft. Aber nur bestimmte Traubensorten enthalten jene Substanzen, die nötig sind, um einen nach unseren heuti-
gen Maßstäben als gut zu bezeichnen-
den Wein herzustellen. Von den rund
5000 bekannten Traubensorten wird
nur etwa ein Prozent speziell für die
Weinproduktion verwendet. Eine Rebe, die in der einen Gegend sehr gut
geeignet ist, kann in einer anderen
Region oft ein Mißerfolg sein. So hat

man im Verlauf der Zeit durch Versuche und Erfahrungen herausgefunden,
welche Sorten sich für welche Gegenden (Lagen, Bodenbeschaffenheit
usw.) am besten eignen. In einigen
Gegenden ist eine einzelne Traubensorte, auch wenn sie für die örtlichen
Gegebenheiten (Klima, Bodenbeschaffenheit, Weinbergslage) geeignet
ist, nicht imstande, einen erstklassigen
Wein zu liefern. Durch das Mischen
der Säfte oder Weine von zwei oder
mehreren Traubensorten kann man
jedoch einen wohlausgewogenen
Wein erhalten.

Die gewerbliche Weinherstellung

In früheren Jahrhunderten wurden Weinberge mit wenigen Rebstöcken bepflanzt; jede Pflanze bedeckte dafür sehr viel Bodenfläche, weil ihre Schößlinge ihrerseits neue Wurzelsysteme bildeten. Jeder Rebstock bildete eine enorme Anzahl Trauben, doch da die Trauben am Erdboden lagen, wurde ein großer Teil der Beeren von Mäusen und anderen Kleintieren gefressen. Man versuchte, dies zu verhindern, indem man die einzelnen Rebstöcke mit gegabelten Stickeln abstützte oder die Rebe sich an Bäumen emporranken ließ. Doch durch die Baumbepflanzung des Rebgeländes wurde wiederum der Ernteertrag geringer.

Ein weiterer Nachteil früherer Weinberge: Viele der Trauben waren klein und von dürftiger Qualität – mit Ausnahme jener, die dicht am Stamm wuchsen. Diese waren von zufriedenstellender Größe und Reife. Der Rebschnitt setzte sich durch, nachdem man erkannt hatte, daß sich durch ihn die Qualität des Weins erhöhte, ohne daß die Quantität abnahm. Mit diesem Zurückschneiden des Rebholzes, um ein günstigeres Verhältnis zwischen Wachstum und Fruchtbestand des Rebstockes zu erzielen, begann die Kultur der bis dahin noch fast wilden Reben.

Vorher vergeudete die Rebe einen Großteil ihres Saftes, um lange Triebe auszubilden, die mit zunehmender Länge immer kleinere Trauben hervorbrachten. Durch das Zurückschneiden erhielt man weniger, dafür

Auf den Steilhängen bei Zell a. d. Mosel wachsen Reben, die große Mengen eines leichten Weißweins liefern

aber wesentlich größere Trauben von hoher Qualität. Da man die Rebstöcke relativ klein hielt, pflanzte man sie meist etwas enger, um einen möglichst optimalen Ertrag zu erzielen. Doch im Laufe der Zeit sind die Pflanzabstände wieder größer geworden. Denn wie das Zurückschneiden der Reben bewirkt auch der größere Abstand zwischen den Pflanzen, daß man zwar weniger Trauben erntet, diese dafür aber größer und von besserer Qualität sind.

Moderne Pflanzmethoden

Aufgrund neuerer Forschungsergebnisse werden heute nicht nur andere Pflanzmethoden, sondern auch nach wirtschaftlichen Gesichtspunkten optimale Stockabstände in den Weinbergen erwählt. Dabei werden Rebzellen bis zu etwa 3,50 Meter bevorzugt. Der Abstand variiert allerdings je nach Klimazone und Arbeitsintensität beträchtlich. In kälteren, feuchteren Regionen stehen die Reben gewöhnlich dichter als in wärmeren, trockeneren Gegenden: Dank der größeren Bodenfeuchtigkeit kann die Rebe mehr Nahrung aufnehmen und daher eine größere Ernte bringen. Bis zu einem gewissen Maß hängt der Pflanzabstand auch von den Arbeitsmethoden in dem betreffenden Weinberg ab. In Kalifornien beispielsweise ist die Entfernung zwischen zwei benachbarten Rebstock-Reihen im allgemeinen wesentlich größer als in Europa, weil die Amerikaner den Weinbau noch stärker mechanisiert haben und zwischen den Reihen breite Fahrschneisen für große Fahrzeuge lassen (Rationalisierung). Ein Grund besteht auch darin, daß in Amerika mehr Land zur Verfügung steht als im dichtbesiedelten Deutschland.

Der Anbau der Reben

Man kann Reben zwar aus Traubenkernen (generative Vermehrung) ziehen, doch ist es dann höchst unwahrscheinlich, daß die neuen Pflanzen die gleichen Eigenschaften wie der Mutterstock haben. Die einzig verläßliche Methode, eine bestimmte Traubensorte zu vermehren, besteht darin, neue Pflanzen aus Stecklingen zu ziehen (vegetative Vermehrung).

Man schneidet diese im Winter, wenn die Holztriebe braun und reif geworden sowie die Blätter abgefallen sind. Die Stecklinge werden etwa 30 cm lang geschnitten, jeder hat rund 4 bis 6 »Augen«. Den Winter hindurch werden sie unter feuchtem Sand in Bündeln an einem kühlen Ort gelagert. Im Frühjahr setzt man die Reiser dann aufrecht in trockenem Boden und zwar so, daß ihr oberstes »Auge« noch über die Erdoberfläche ragt. Im Sommer entwickelt sich dann aus diesem »Auge« ein Trieb, und im Boden beginnt sich ein Wurzelsystem zu bilden. Ein Jahr später gräbt man die jungen Rebstöcke aus. Die Wurzeln werden auf ca. 10 cm und die Triebe auf 1 bis 2 »Augen« zurückgeschnitten und die Reben dann im Weinberg ausgepflanzt. Die erste Ernte liefern die jungen Rebstöcke erst nach 2 bis 3 Jahren. In dieser Zeit bilden sie tiefreichende Wurzeln aus, viel Triebe und nur wenig Früchte.

Manche Weinberge müssen in kalten Frühjahrsnächten beheizt werden, um die jungen Reben vor Frost zu schützen

14

Auf den Weingütern Zyperns, die zum größten Teil in hügeligen Gegenden um Troodos liegen, wird vor allem ein Sherry-ähnlicher Wein für den Export erzeugt

Chemische Sprühmittel werden eingesetzt, um Insekten und Pflanzenkrankheiten zu bekämpfen

**Herstellung von
Rotweinen und Rosés**
(Beschreibung Seite 18)

16

1

2

9

10

5

3

11

6

7

8

4

Herstellung von
Rotweinen und Rosés

Rotweine und Rosés werden aus roten Trauben gewonnen. Diese werden zunächst gemahlen (evtl. auch die Stiele entfernt, entrappt) (1). Die gemahlenen Trauben kommen anschließend zum Gären in einen Bottich (2) und Reinzuchthefe wird zugesetzt: während der Gärung nimmt die Flüssigkeit allmählich die Farbe der Traubenschalen an. Bei der Rosé-Wein-Herstellung wird die Flüssigkeit nach ein oder zwei Tagen in einen anderen Behälter umgefüllt (3). Hier wird die Gärung zu Ende geführt; der Rosé entsteht (4). Der Rotwein erhält seine Farbe durch die längere Gärdauer mit dem Fruchtfleisch, der Maische (2). Hat er genügend Farbe durch den gebildeten Alkohol angenommen, wird die Maische abgepreßt und zum Weitervergären auf Fässer abgezogen (5). Die zurückbleibenden Stiele, Schalen und Kerne (Samen), zusammengefaßt als Trester (6) bezeichnet, können zu einem Weinbrand (Tresterbranntwein) abdestilliert (7), in der Regel aber zum Düngen des Weinbergs verwendet werden (8). In diesen Diagrammen sind nur ein paar charakteristische Herstellungsmethoden dargestellt. Die Verfahrenstechniken können von Weinbaugebiet zu Weinbaugebiet stark variieren.

Weißwein, Weinbrand, Portwein

Weißwein wird in der Regel aus dem Saft weißer Trauben hergestellt. Die Trauben werden gemahlen und eventuell vorher entrappt (1) und dann gepreßt (2). Der dabei gewonnene Saft wird vergoren (3). Trockenen Wein erhält man, wenn man den gesamten im Saft enthaltenen Zucker vergären läßt (4). Manchmal wird dieser trockene Wein destilliert (5) und ergibt so Weinbrand (6). Lieblichen Wein erhält man (7), indem man die Gärung unterbricht, bevor der gesamte Zucker in Alkohol vergoren ist oder indem nach der Gärung und Klärung steriler Traubensaft (gewerblicher Betrieb) zugesetzt wird oder (als Hausweinbereiter) indem etwas Zucker zugegeben wird. Schaumwein entsteht, wenn man den Wein in Flaschen abfüllt und ihn dort einer weiteren, kontrollierten Gärung unterzieht (8) (Wein muß genügend Zucker für die Kohlensäurebildung enthalten). Zur Gewinnung des süßen, roten Portweins werden rote Trauben im Stampfbottich ausgetreten (9) und dann teilweise vergoren (10). Es wird Weinbrand hinzugegeben (5), um die Gärung zu beenden. Der Portwein ist (11) süß, weil er unvergorenen Zucker enthält und er hat einen höheren Alkoholgehalt, weil ihm Weinbrand zugesetzt wurde.

Die Feinde des Weines

Seitdem die Reblaus in Europa die Weinberge vernichtet hatte, werden praktisch alle europäischen Reben vor dem Pflanzen auf amerikanische Unterlagen (Wildreben) aufgepfropft, da diese reblausresistent sind. Doch die Weinrebe hat außer der Reblaus noch viele andere Feinde. Und so müssen die gesamte Vegetationszeit hindurch Vorsichtsmaßnahmen getroffen werden, um den Rebstock vor Schaden zu bewahren. Man verwendet chemische und organische Sprüh- und Spritzmittel, um Spinnen, Raupen, Läuse, Käfer, Milben und andere Insekten und

18

auch diverse Pilzkrankheiten, vor allem die Peronospora und den Mehltau (Oidium) zu bekämpfen. Befürchtet man Frostschäden, heizt man das Rebgelände in der Nacht durch Feuerstellen und Öfen oder beregnet es mit Wasser.

Die Weinlese

In Europa werden die Trauben im September bis November gelesen – je kühler das Klima, desto später, weil die Reben dann länger zum Reifen brauchen. Die Weinleser schneiden die Trauben mit scharfen Messern oder mit Traubenscheren vom Rebstock; sie halten die Traube dabei behutsam in der Hand, um die empfindlichen, reifen Beeren nicht zu verletzen bzw. abfallen zu lassen. Denn wenn die Schale platzt, läuft wertvoller Saft heraus und geht verloren. Auch unerwünschte Mikroorganismen können sich in dem zuckerhaltigen Saft schnell vermehren und so die Frucht bzw. den Saft in Kürze infizieren und krank werden lassen.

Die Trauben werden normalerweise geerntet, sobald sie ausgereift sind. Manchmal läßt man sie jedoch auch einige Wochen länger am Rebstock, um so den Zuckergehalt zu erhöhen (natürliche Konzentration). Man kann dafür sorgen, daß ein Teil dieses zusätzlichen Zuckers im späteren Wein erhalten bleibt, so daß ein solcher Wein süßer ist als üblich, aber einen normal hohen Alkoholgehalt hat. Oder man läßt die Gärung bis zu ihrem Ende ablaufen; der »durchgegorene« Wein ist dann trocken, aber hochgrädiger (hochprozentiger) als normal. Solche Weine werden von manchen besonders geschätzt.

Der Stamm einer neuen Rebe wird auf einen alten Wurzelstock aufgepfropft. Das Gerät schneidet Rebe und Wurzelstock so ein, daß sie fest ineinandergreifen (vgl. die Zeichnung an der Tafel)

Um Weine besonderer Qualität zu erhalten, werden die Trauben besonders lang am Stock belassen. Die Prädikatsstufen sind auf den Flaschenetiketten dann angegeben. So bedeutet zum Beispiel bei den deutschen Weinen höherer Qualität (die sich übrigens immer durch sehr informative Etiketten-Angaben auszeichnen) die Bezeichnung »Spätlese«, daß die Trauben spät (und in vollreifem Zustand) geerntet wurden und »Auslese«, daß nur vollreife Trauben (unter Aussonderung aller kranken und unreifen Beeren) verwendet wurden.

Weinfeste
In vielen europäischen Weinbaugebieten ist der Beginn der Weinlese Anlaß zum Feiern – mit Gesang, Tanz und dem Tragen von traditionellen Trachten. In Gegenden, in denen die Trauben noch mit den Füßen gestampft werden, tanzen die Stampfenden in dem Bottich zur Begleitmusik der Dorfmusikanten. Eine alltägliche Tätigkeit bekommt so einen festlichen Charakter.

Die Edelfäule
Bei den Trauben, aus denen der Sauternes und teilweise deutsche Weine (ab Spätlesen) gewonnen werden – dies ist nur in manchen Jahren möglich – werden die reifen Beeren von einem Schimmelpilz (Botrytis cinerea = Edelfäule) befallen. Der Pilz wächst auf der Schale der reifen Beeren, macht diese Schale dünn, so daß Wasser verdunstet und die Beere einschrumpft. Auf diese Weise erhöht sich der Zuckergehalt des Beerensafts beträchtlich. Bei der Gärung dieses Traubenmostes wird der Zucker nur teilweise vergoren, so daß der spätere Wein süßer als andere Weine bleibt. Die Edelfäule verändert aber die chemische Zusammensetzung des Traubensafts auch in anderer Hinsicht und verleiht dem Wein dadurch seine charakteristischen Eigenschaften. Die Lese dieser edelfaulen Trauben oder Beeren kann sich über einen längeren Zeitraum hinziehen, weil alle Trauben nicht zur gleichen Zeit befallen werden. Daher müssen die Traubenleser immer wieder durch den Weinberg gehen und nur diejenigen Trauben lesen, die edelfaul sind (für Auslesen). In Deutschland muß man sich manchmal sogar darauf beschränken, nur einzelne Beeren zu pflücken und die restliche Traube noch bis zu einem späteren Zeitpunkt am Rebstock zu lassen (Beerenauslesen). In Frankreich dagegen können gewöhnlich sämtliche Beeren einer Traube zur gleichen Zeit geerntet werden.

Das Keltern
Die Traubenleser schneiden die Früchte meist in kleine besondere Leseeimer und bringen sie zu größeren Behältern, die im Weinberg verteilt stehen. Diese werden von Trägern (oder kleinen Schleppern) abgeholt und in offene Tanks oder andere Gefäße entleert. Sind diese gefüllt, werden sie mit Schleppern, Last- oder Pferdewagen zur Kelter gebracht. Heute wird das Keltern (Abpressen) fast immer durch Maschinen ausgeführt. Doch in Spanien und Portugal tritt man auf einigen Weingütern die Trauben immer noch in einem Stampfbottich aus. Portwein, der aus einem bestimmten Abschnitt des Douro-Tals in Nord-Portugal kommt, wird häufig noch so hergestellt.

Weinlese im Clos de Moulin im Beaujolais-Gebiet

In vielen Weinanbaugebieten finden zur Zeit der Lese Weinfeste statt

21

Die Gärung

$$C_{12}H_{22}O_{11} + H_2O \xrightarrow{\text{Gärung}} 4C_2H_5OH + 4CO_2$$

Zucker   **Äthylalkohol**   **Kohlendioxid**

Zu Beginn des 18. Jahrhunderts zeigte der französische Chemiker Gay-Lussac anhand einer einfachen Formel, wie sich Zucker durch Gärung in Äthylalkohol und Kohlendioxid verwandelt. Doch warum dieser Prozeß so ablief, wußte man erst als Louis Pasteur, ein anderer französischer Chemiker, entdeckte, daß Hefepilze dafür verantwortlich sind. Noch deutlicher wurde der Vorgang, als der deutsche Chemiker Eduard Buchner um 1900 aufzeigte, daß es nicht die Hefezellen selbst sind, die die Gärung in Gang setzen, sondern bestimmte Fermente (auch Enzyme genannt), die in den Hefezellen enthalten sind. Wir wissen heute, daß die Alkoholgärung ein äußerst umfassender Vorgang ist, der sich aus einer langen Kette biochemischer Reaktionen zusammensetzt. Jede Reaktion wird von einem anderen Enzym gesteuert. Im Verlauf der Gärung entstehen geringfügige Mengen zusätzlicher Nebenprodukte, was zur Folge hat, daß die produzierte Alkoholmenge ein wenig geringer ist, als nach der Gay-Lussac'schen Formel zu erwarten wäre.

Die gesteuerte Gärung

In den Anfängen der Weinproduktion war man vollständig auf die wilden Hefen angewiesen, die an den Schalen der Beeren hafteten. Wurden die Trauben dann gepreßt, vermischte sich die Hefe mit dem zuckerhaltigen Saft, und die Gärung konnte beginnen (oder auch nicht). Heute bemüht man sich dagegen, die Vermehrung wilder Hefen zu verhindern, indem man den Most selbst oder den Luftraum des leeren Gärgefäßes mit Schwefeldioxid behandelt. Um die Gärung in Gang zu setzen, wird dann dem Most eine Reinzuchthefe (flüssige Kultur oder Trockenhefe), die man kurz zuvor vermehrt, zugesetzt.

Dieses Verfahren hat mehrere Vorteile. Erstens haben die wilden Hefen nur ein niedriges Alkohol-Bildungsvermögen, zum anderen bilden sie unangenehme Nebenprodukte. Doch die speziell für die Weinbereitung gezüchteten Reinzuchthefen haben ein verhältnismäßig hohes Alkohol-Bildungsvermögen (bis 18 Volumenprozent) und machen so eine vollständige Vergärung möglich. Mit diesen neuen Erkenntnissen erzielt man eine bessere Weinqualität. Es wäre höchst unwahrscheinlich, daß eine Wildhefe ebenso gute Ergebnisse bringen würde wie eine Reinzuchthefekultur. Gerade durch den Zusatz von Schwefeldioxid werden unerwünschte Mikroorganismen abgetötet, zumindest aber gehemmt, die den Most verderben könnten.

Die Weiß- und Rotwein-Gärung

Die Gärung von einfachem weißen Tischwein ist ein ziemlich einfacher Vorgang. Weiße oder rote Trauben

werden gemahlen und gepreßt, um ihnen den hellen Saft zu entziehen. Dieser wird anschließend vergoren. Für
die Herstellung von roten Weinen verwendet man ausschließlich rote Trauben, wobei die Farbe in den Traubenschalen sitzt und während der ersten
Gärphase entzogen wird. Unter Einwirkung von Alkohol nämlich lösen
sich Farbstoffe schneller aus den Schalen – der größte Teil schon bald nach
Beginn der Gärung. Hat die Flüssigkeit ausreichend rote Farbe angenommen, wird sie von den Trauben oder
Beeren abgepreßt und weitervergoren.

**Hier werden Trauben für den
Bordeaux-Wein entrappt**

Louis Pasteur (1822–1895)

Louis Pasteur, der Mann, der Frankreichs bedeutendster Chemiker und Begründer der Mikrobiologie werden sollte, erhielt sein Wissenschaftsdiplom im Alter von 20 Jahren. Im Diplom wurden seine Kenntnisse der Chemie als »mittelmäßig« bezeichnet; er begann seine berufliche Laufbahn als Assistent an der mathematischen Fakultät der Königlichen Akademie von Besançon. Bald jedoch entwickelte er ein immer stärkeres Interesse an der Chemie. Im Jahre 1854 wurde er Professor für Chemie an der Naturwissenschaftlichen Fakultät der Universität Lille, deren Dekan er ebenfalls war. Dort begann Pasteur mit seinen Untersuchungen über die alkoholische Gärung. Sein Ziel war es herauszufinden, weshalb dieser Prozeß manchmal fehlschlug und unerwünschte Produkte ergab. Mikroskopische Untersuchungen zeigten, daß schlechtes Bier immer andere Mikroorganismen enthielt als gutes Bier. Pasteur machte sich daran nachzuweisen, daß Hefepilze für die Gärung verantwortlich sind. Zu jener Zeit – in den frühen 60er Jahren des vorigen Jahrhunderts – glaubte man noch weithin an die Urzeugung. Viele Leute hielten es beispielsweise für möglich, daß sich Ratten aus Schmutz entwickelten. Daher stellte man sich auch vor, daß sich aus Bier oder Wein selbst schädliche Organismen herausbildeten. Pasteur lehnte diese Theorie ab und zeigte, daß es vor allem die in der Luft vorhandenen Organismen waren, die den Verderb bewirkten.

Geräte, die Louis Pasteur bei seinen Experimenten verwendete

In einem Kellereibetrieb in Izmir füllen Arbeiter Trauben in eine Schraubenpresse.

25

Vom Gärgefäß zur Flasche

Einfache trockene Weine entstehen, wenn man die Gärung so lange fortsetzt, bis sich sämtlicher Zucker im Most in Alkohol und Kohlendioxid umgesetzt hat. Süße Weine entstehen, wenn man die Gärung vor diesem Punkt stoppt, so daß die verbleibende, geringe Zuckermenge dem Wein genau den erwünschten Grad an Süße verleiht. Eine Möglichkeit, dies zu erreichen, besteht darin, den Wein in ein anderes Behältnis zu pumpen, durch Filtration zu entkeimen und ihn mit Schwefeldioxid zu behandeln. Die Hefe bleibt dadurch im Filter zurück; es kommt zu keiner weiteren Gärung mehr. Dabei ist kühle Lagerung notwendig und neue Infektionen müssen ausgeschlossen bleiben.

Alkoholreichere Weine

Verstärkte Weine, die gewöhnlich einen höheren Alkoholgehalt haben, als er durch Gärung allein zu erreichen wäre (etwa 18 Volumenprozent), erhält man, indem man dem vergorenen Wein hochprozentigen, destillierten Alkohol zusetzt. Portwein beispielsweise erhält man durch Zugabe von Weinbrand. Bei der Herstellung von süßen, verstärkten Weinen wird der Alkohol zugesetzt, bevor die Gärung abgeschlossen ist. Die so erzielte relativ hohe Alkoholkonzentration bewirkt, daß die Gärung unterbrochen wird, denn die Hefezellen sterben ab. Der verbleibende, unvergorene Zucker süßt den Wein.

Sherry ist ebenfalls ein verstärkter Wein, obgleich sein Alkoholgehalt manchmal so niedrig ist, daß er auch durch Gärung allein hätte entstehen können. Der Alkoholgehalt liegt beim Sherry im allgemeinen zwischen 15 und 20 Volumenprozent.

Klären, Schönen und Reifen

Nach der Gärung werden die Weine vom größten Teil des Hefetrubes abgezogen und umgefüllt. Dann setzt sich die restliche Hefe und andere noch im Wein befindliche feste Trubstoffe nach und nach als Bodensatz oder »Geläger« ab, und der Wein wird allmählich klarer. Dieser Prozeß kann durch Schönungsmittel beschleunigt werden. Zu den bekanntesten dieser Mittel gehören zum Beispiel geschlagenes frisches Hühnereiweiß (bei Rotweinen), Gelatine, Kieselsol, Bentonit, Agar-Agar, Tannin.

Insgesamt wird der Wein zwei- bis dreimal umgefüllt, wobei er immer einen Bodensatz zurückläßt. Jedesmal nimmt er bei diesem Vorgang ein wenig Sauerstoff aus der Luft auf. Dies führt zu biochemischen Reaktionen. Diese Reaktionen sind Teile eines langsamen Reifeprozesses, der irgendwann seinen Höhepunkt erreicht und nach Monaten (besonders bei säurearmen Weinen) oder erst nach Jahren (besonders bei säurereichen Weinen) wieder abfällt. Die Qualität wird somit wieder geringer. Beim Umfüllen oder »Abziehen« des Weins achtet man darauf, die absorbierte Sauerstoffmenge so gering wie möglich zu halten. Normalerweise lagert man den Wein deshalb nur mehrere Monate in

In einem Weinkeller im Maconnais entnimmt der Kellermeister eine Weinprobe mit der traditionellen *tastevin*

Heute wird Wein fast ausschließlich maschinell abgefüllt

Eichenholzfässern. Auch dabei nimmt er durch die Poren des Holzes nach und nach Sauerstoff auf und reift so langsam heran. Bei Lagerung in Glasbehältern, Kunststoffbehältern oder Metallbehältern geht die Reifung langsamer vor sich, da in diesen Gefäßen kaum Sauerstoff aufgenommen wird.

Einen Wein zur Vollendung bringen

Ist der Wein herangereift, wird er in Flaschen abgefüllt und durchläuft nun einen weiteren, jedoch langsameren Reifeprozeß. Zunächst reagiert der Wein auf Sauerstoff, mit dem er während des Abfüllens in Berührung gekommen ist. Doch es laufen auch dann, wenn der Sauerstoff verbraucht ist, noch weitere biochemische Reaktionen ab. Diese Reaktionen (Esterbildung) verbessern die Qualität des Weins und lassen ihn schließlich das Höchstmaß seiner Möglichkeiten erreichen. Bei leichten Weißweinen dauert dies gewöhnlich einige Monate, bei schweren Weißweinen bis zu einigen Jahren. Rotweine brauchen länger für die Flaschen-Reife – meist zwischen zwei bis evtl. zehn Jahren.

Hat ein Wein seine höchste Stufe erreicht, verliert er allmählich wieder an Qualität. Wie schnell das geschieht, hängt von dem betreffenden Wein und seiner Umgebung (ob kühl oder warm) ab. Clarets und andere Rotweine mit hohem Säure- und Gerbstoff-Gehalt können sich noch nach 15 Jahren in der Flasche weiter entwickeln, während andere, zuvor gute Weine im besten Fall zu einfachem Tafelwein und im schlimmsten Fall ungenießbar werden.

So entsteht Champagner

Bei der Herstellung von »Champagner« (auch von Sekt oder Schaumwein) wird ähnlich verfahren wie bei der Herstellung von trockenen Weißweinen. Nachdem der Wein geklärt ist, werden Weine verschiedener Weinlagen miteinander verschnitten (vermengt), um die Qualität zu erhöhen und zu standardisieren. Dem Wein wird »Likör« – in Wein gelöster Zucker – und eine spezielle Champagner-Hefekultur zugesetzt. Anschließend wird der Champagner in Sektflaschen (druckfeste Flaschen) abgefüllt und verschlossen (Kunststoffkorken oder Naturkorken). In der Flasche setzt dann die Gärung ein; es bildet sich Kohlensäure, die den Druck erzeugt und den Wein später moussieren (perlen) läßt. Diese zweite Gärung dauert einige Monate. Danach läßt man den Wein einige Jahre lang reifen. In dieser Zeit verbessern Stoffwechselprodukte, die bei der Gärung entstehen, das Bukett und den Geschmack des Weines (Sektes).

Die Flaschen werden schließlich, mit dem Korken nach unten, auf schräge Regalständer, Rüttelpulte genannt, gelegt. Zunächst beträgt der Neigungswinkel der Flaschen etwa 45 Grad. Jeden Tag wird die Flasche ruckartig gedreht, erst zur einen, dann zur anderen Seite, um die auf der Innenwand der Flasche lagernden Heferückstände abzulösen. Die Flaschen werden so in die Pulte zurückgelegt, daß sie dabei um ein Achtel gedreht sind und ein wenig steiler stehen. Diese Rüttelbehandlung erstreckt sich über etwa drei Monate. Am Schluß stehen die Flaschen senkrecht mit dem Verschluß nach unten und die Hefe

Wein-Qualität

Die Qualität eines Weines hängt von einer ganzen Reihe von Faktoren ab – wie Rebsorte, Klima, Lage des Weinbergs, Neigungswinkel der Lage, Pflege des Weinstockes, Beschaffenheit des Bodens, Düngung, Schädlingsbekämpfung, Zeitpunkt der Traubenlese und andere mehr.

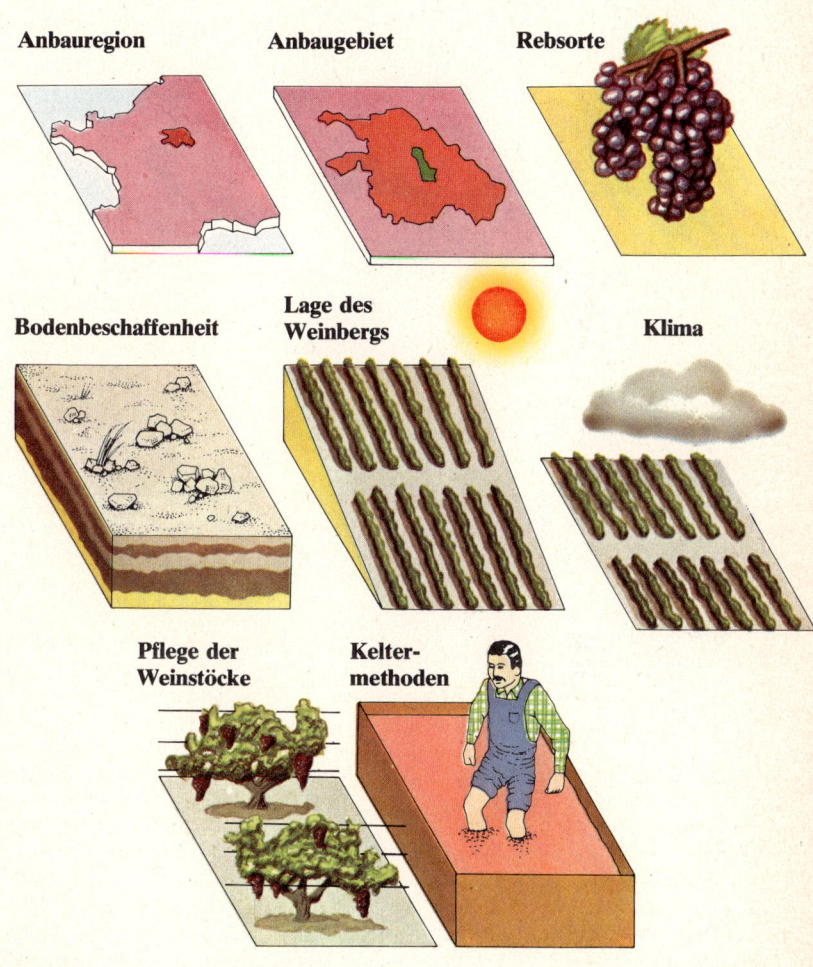

Anbauregion

Anbaugebiet

Rebsorte

Bodenbeschaffenheit

Lage des Weinbergs

Klima

Pflege der Weinstöcke

Keltermethoden

hat sich vollständig am Verschluß abgesetzt.

Die Entfernung der Hefe aus dem Flaschenhals nennt man »degorgieren« oder »abschlämmen«. Dabei wird gewöhnlich der Flaschenhals in eine Salzlösung getaucht (bei ca. minus 5 °C), so daß der Hefepfropfen gefriert und entfernt werden kann, da er durch den Flascheninnendruck aus der Flasche herausdrückt wird.

Die Flaschen werden danach mit einer Mischung aus Zucker, Wein und (manchmal) Weinbrand (der »Dosage«) wieder aufgefüllt und verschlossen (Korken mit Drahtbügel). Man läßt den Champagner noch ein paar Monate lang reifen.

Mit viel Geschick entfernt ein *degorgeus* einen gefrorenen Pfropfen aus Wein und Hefe aus einer Champagner-Flasche

Die Grundzüge der Weinbereitung

Beinahe alle Gerätschaften, die zur Weinherstellung benötigt werden, sind im Haushalt vorhanden. Der Hobby-Winzer kann sich zwar leicht vielerlei Spezialapparate für die Weinbereitung beschaffen, doch sollte er zunächst mit einfachen Geräten beginnen und soweit wie möglich Küchenutensilien benutzen. Die wichtigsten Dinge, die man zunächst benötigt, sind eine Schüssel oder ein Eimer aus Kunststoff, ein Glasballon mit 5, 10, 20, 25 oder 50 Liter Inhalt, ein Thermometer, ein Göraufsatz und eine passende Gummikappe mit Loch. Später braucht man dann noch einen Weinheber bzw. Abfüllschlauch, Flaschen, Korken und Verkorkapparat (für Kronkorken und/oder Naturkorken).

Die Reinigung

Die Gerätschaften, die zur Weinbereitung verwendet werden sollen, müssen zuvor sauber gewaschen, nachgespült und einigermaßen keimfrei gemacht werden, damit sie die Grundstoffe der Weinherstellung nicht infizieren und dadurch verderben können.

Die Zutaten

Wein kann aus verschiedenen Früchten, Fruchtsäften, Fruchtsirupen und Fruchtsaftkonzentraten, aus Gemüse, Blättern, Blüten und Getreide gewonnen werden. Diese Ausgangsstoffe liefern die Substanzen, die dem Wein seine charakteristischen Eigenschaften geben. Diese Substanzen wiederum können den festen Ausgangsstoffen schon vor der Gärung durch Auspressen, Dampfentsaften oder sonstige Vorbehandlungen entzogen werden. Der »Auszug« wird mit Wasser, Zucker und anderen Zusätzen vermischt und dann vergoren. In einigen Fällen machen die Ausgangsstoffe selbst noch die erste Phase der Gärung mit. Es handelt sich dann um eine sogenannte Maischegärung.

Während dieser ersten Phase der Gärung kann u. U. schon der größte Teil des Zuckers vergoren werden, da die Fruchtfleischteilchen gärfördernd sind. Umgekehrt läuft dann eine Gärung um so langsamer ab, je klarer ein Most bzw. Saft ist. Deshalb müssen bei einigen Fruchtweinen (besonders Honigwein) Zusätze besonderer Art erfolgen.

Die Gärung

Gibt man Reinzuchthefe in die Mischung, wird die Gärung in Gang gesetzt. Dabei wird Zucker zu Alkohol und Kohlensäure vergoren. Die Maische oder der Saft muß sofort nach dem Ausmischen in einen Behälter gefüllt und mit einem Göraufsatz verschlossen werden. Während der gesamten Gärdauer muß Luft ferngehalten werden, um Infektionen zu vermeiden. Um das Getränk von Zeit zu Zeit zu probieren, kann der Göraufsatz jeweils kurz abgenommen werden.

Das Abziehen

Nach der Gärung muß der Wein von der Hefe und von anderen Trubstof-

Die verschiedenen Schritte bei der Weinbereitung:

Die Reinigung

Die Zutaten

Die Gärung

Das Abfüllen in Flaschen

Das Abziehen

fen, die sich auf dem Boden des Gefäßes abgesetzt haben, »abgezogen« werden (wie beim Traubenwein beschrieben). Danach wird der Wein in einem sauberen, (evtl. demselben), mit Gäraufsatz verschlossenen Behältnis gelagert und noch ein- oder zweimal abgezogen, bis er blank bzw. glanzhell ist.

Das Abfüllen in Flaschen

Ist der Wein klar, kann er in saubere, sterile Flaschen abgefüllt werden. Die Flaschen können mit Natur-, Plastik- oder Kronkorken verschlossen werden (siehe S. 76). Verwendet man Kronkorken oder Naturkorken, sollten die Flaschen liegend lagern, damit die Korken feucht bleiben; stehend trocknen die Naturkorken aus, der Wein oxidiert und verliert ständig an Qualität. Das kann bis zur völligen Ungenießbarkeit (nach Jahren) führen. Kunststoffkorken dichten weniger gut ab; die verschlossenen Flaschen sind stehend zu lagern, damit die Korken nicht herausgedrückt werden und der Wein nicht auslaufen kann.

**Im Londoner Hafen werden
Portweinfässern Proben entnommen
– ein Foto aus dem Jahr 1893**

In diesen Fässern lagert »vino de color«, ein zweitklassiger Wein, den man dem Sherry zusetzt, um diesem eine dunklere Farbe zu geben

Reinigen und Sterilmachen

Wie auch andere Lebensmittel, so können Wein bzw. die Grundstoffe für die Weinherstellung verderben, wenn man nicht Vorsicht walten läßt. Die Ursache für den Verderb können Bakterien und andere Mikroorganismen an den Grundstoffen oder an den für die Weinbereitung verwendeten Gerätschaften sein. Säfte und Moste, die man unabgedeckt stehen läßt, werden leicht durch die in der Luft befindlichen Mikroorganismen oder durch von (Essig-)Fliegen übertragenen Bakterien infiziert. Darum ist das Reinigen, Sterilisieren und der Ausschluß unerwünschter Mikroorganismen von großer Wichtigkeit.

So reinigt man die Gerätschaften

Alle Geräte sollten vor Gebrauch gründlich mit heißem Wasser gereinigt werden. Da es unter Umständen nicht ganz leicht ist, alle Rückstände von Spül- und Scheuermitteln restlos zu entfernen, empfiehlt es sich, wenn irgend möglich, nur heißes Wasser zu

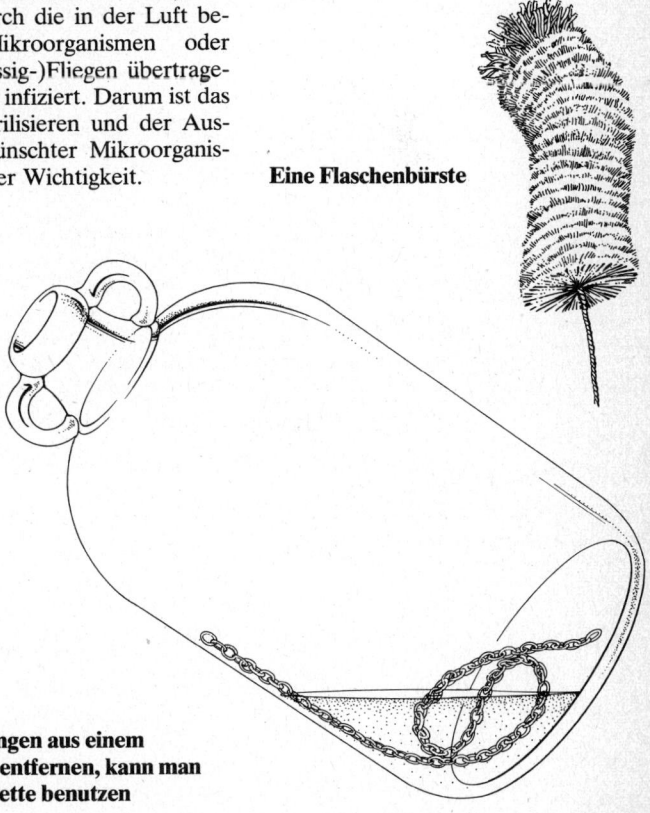

Eine Flaschenbürste

Um Ablagerungen aus einem Glasballon zu entfernen, kann man eine Messingkette benutzen

verwenden. Kommt man nicht ohne Spül- oder Scheuermittel aus, sollte man diese sparsam verwenden und anschließend gründlich nachspülen. Flecken in Flaschen oder Glasbehältern kann man meist mit Hilfe einer Flaschenbürste (Ballonbürste) entfernen. Hartnäckige Verschmutzungen beseitigt man am besten mit Putzsand. Außerdem gibt es spezielle Reinigungsmittel, die man in Fachgeschäften für Kellereibedarf oder Drogerien bekommt. Reinigen Sie die Behältnisse außen ebenso gründlich wie innen – außer der größeren Sicherheit bei der Weinbereitung hat dies noch einen ästhetischen Effekt.

Schläuche, Gäraufsätze, Gummistopfen, Gummikappen und ähnliche Geräte können kurz in kochendes Wasser gelegt werden, ebenso Gegenstände aus Metall. Bei Glaswaren darf man nicht so vorgehen, außer bei hitzebeständigem Glas. Denn durch den plötzlichen Temperaturschock würde das Glas zerspringen.

Schweflige-Säure-Lösung

Schwefeldioxid (SO_2) ist ein in der Nahrungsmittel-Industrie und der kommerziellen und privaten Wein-Herstellung häufig verwendetes Sterilisierungsmittel. Eigentlich ist Schwefeldioxid ein Gas mit unangenehm stechendem Geruch. Glücklicherweise braucht sich der Hobby-Weinbereiter nicht Schwefeldioxid-Ampullen zu beschaffen, sondern kann sich das Schwefeldioxid bequem aus Kaliumpyrosulfit bereiten. Löst man Kaliumpyrosulfit in Wasser auf und gibt dazu etwas Säure, ergibt dies eine Lösung, die schnell Schwefeldioxid freisetzt und daher zum Sterilisieren von Ge-

rätschaften und Zutaten verwendet werden kann. Viele Hobby-Weinbereiter verwenden lose abgepacktes Kaliumpyrosulfit (10 × 10 g Beutel als Packungseinheit) und bereiten sich daraus eine Sterilisierlösung in der erforderlichen Konzentration.

Die Lösung soll etwa 2%ig sein, wozu man zu 1 Liter Wasser 40 g Kaliumpyrosulfit gibt und ca. 2 g Säure (Milchsäure, Zitronensäure oder dergl.) löst. Kleinformatige Gerätschaften kann man sterilisieren, indem man sie für einige Minuten in diese Lösung taucht. Um Flaschen und Gärbehälter zu sterilisieren, gießt man ein wenig von der Lösung in das Behältnis und schwenkt die Flüssigkeit darin um, bis sie sämtliche Innenwände des Gefäßes benetzt hat. Diese Lösung kann zum Sterilisieren weiterer Gefäße bzw. Flaschen oder Ballons verwendet werden. Da die Lösung ständig schwächer wird, muß sie immer wieder neu ergänzt werden. In 1 bis 2%iger Lösung tötet sie bei direkter Benetzung fast alle Mikroorganismen wie Hefezellen, Bakterien, Schimmelpilze. Sie ist stark flüchtig, reizt also die Atmungsorgane, die Nasenschleimhäute und die Augen. *Deshalb nie direkt daran riechen!*

Schwefelung der Maische

Die Schwefelung der Maische bzw. des frisch abgepreßten Saftes hat zwei Aufgaben:

biologisch: es sollen Fehlgärungen verhindert werden

chemisch: es soll der Luftsauerstoff ferngehalten werden, damit keine Oxidation (u. a. Braunwerden) stattfinden kann

Die vorgeschriebene Menge Kalium-

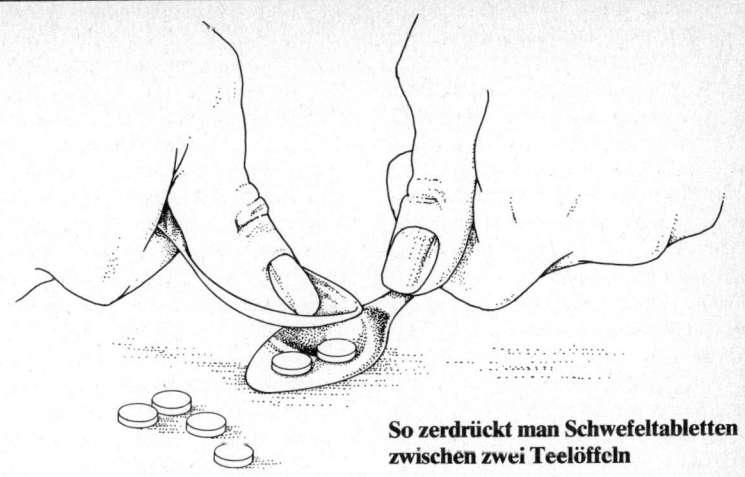

So zerdrückt man Schwefeltabletten zwischen zwei Teelöffeln

So wird eine Lösung zum Sterilisieren angesetzt

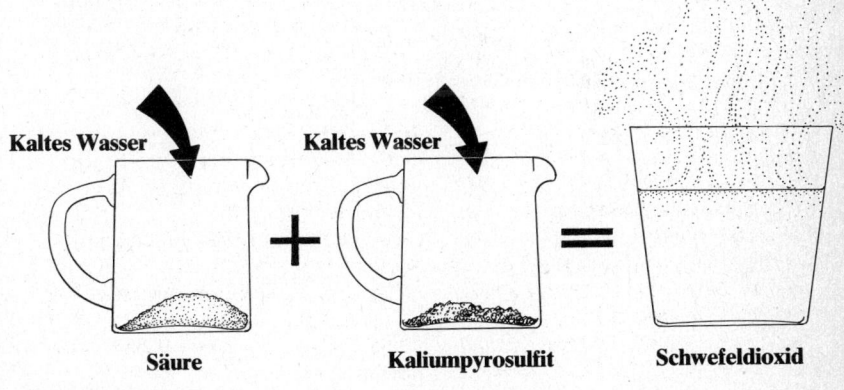

Kaltes Wasser   Kaltes Wasser

Säure   +   **Kaliumpyrosulfit**   =   **Schwefeldioxid**

pyrosulfit (1 g/10 l) wird zugesetzt und eingerührt und das Gefäß mit einem sauberen Tuch abgedeckt. Die geringe Schwefelmenge wird zwar den Most nicht konservieren, die schädlichen Mikroorganismen aber in ihrer Entwicklung hemmen, so daß sich nur die Reinzuchthefe, wenn sie jetzt hinzugegeben wird, vermehren kann. Man muß jedoch darauf achten, daß sich der Most während der Gärung nicht wieder infiziert. Während der ersten Gärphase die u. U. bei der Maischegärung außerhalb des Ballons oder Fasses ablaufen kann, besteht eine Infektionsgefahr. Wenn der in Gärung befindliche Most später in ein Gärgefäß umgefüllt wird, muß das Gefäß mit einem Gäraufsatz verschlossen werden (s. S. 62). Der Gäraufsatz hält die in der Luft vorhandenen Mikroorganismen und auch Sauerstoff fern; vor allem durch die Essigfliegen, dem größten Feind des Weinbereiters, können keine Infektionen erfolgen.

Alle für die Weinherstellung benutzten Utensilien müssen sorgfältig gereinigt und sterilisiert werden

Die Zutaten vorbereiten

Für die meisten Weine müssen die Zutaten zunächst vorbereitet werden, bevor man mit der eigentlichen Vergärung beginnen kann. Gemüse beispielsweise muß gekocht werden, um die Pflanzensubstanz aufzuschließen und besser abpressen zu können. Andere Ausgangsprodukte müssen wiederum ganz anders behandelt werden. Dieses Kapitel beschreibt, wie man die verschiedenen Arbeitsgänge vorbereitet und wie man den Schwierigkeiten, die in diesem Stadium auftreten können, begegnet.

Allgemeine Hinweise

In einem normalen Haushalt sind viele der Geräte vorhanden, die man zur Vorbereitung und Verarbeitung braucht. Der Anfänger sollte mit diesen Geräten auszukommen versuchen, bis er genügend Erfahrung gesammelt hat, um genau zu wissen, welches Spezialgerät er für den einen oder anderen Arbeitsgang noch benötigt. Phantasie und Improvisation sind oft die Geheimnisse des Erfolges. So kann z. B. ein Wagenheber die Mechanik für eine Traubenpresse liefern und ein mit Leinen- oder besser noch mit Perlon- oder Nylonbeutel ausgelegter Durchschlag (Seiher) als Filter für den Most dienen (Vorsicht: Metallaufnahme!).

Obst-, Beeren- und andere Weinarten

Hier folgt eine Aufzählung der Weinarten, die man in Deutschland herstellt bzw. herstellen kann. Die Reihenfolge entspricht in etwa der Verbreitungsart, d. h. die zuerst genannten Weine kommen am häufigsten vor und die zuletzt genannten werden nur ganz selten hergestellt. Dies hängt einmal damit zusammen, daß z.B. der Apfel sehr weit verbreitet ist und der Saft aus dieser Frucht allein schon einen guten Wein ergibt, während z. B. Reiswein nur sehr selten hergestellt wird.

Birnenwein

Die Birnen werden beinahe genauso verarbeitet wie Äpfel. Sie weisen aber in der Regel etwas weniger Säure auf und bedürfen deshalb einer sorgfältigeren Pflege. Da Birnen oft früher reifen als Äpfel, besteht die Gefahr, daß in der wärmeren Jahreszeit der Wein leichter durch Essigbakterien infiziert werden kann. Bei spätreifenden Birnen besteht diese Gefahr nicht mehr in dem Maße.

Johannisbeerwein (schwarz)

Diese Früchte sind noch wesentlich säurereicher als rote Johannisbeeren (bis 40 g/l Gesamtsäure) und können noch stärker mit Zuckerwasser verdünnt werden, um das Geschmacksoptimum zu erreichen. Die Farbe ist sehr intensiv und die Früchte haben einen sehr hohen Gehalt an Vitamin C. Die Verarbeitung ist allerdings etwas schwieriger, da der Pektingehalt höher ist und die Früchte erst erhitzt werden müssen, bevor sie abgepreßt werden können.

Johannisbeerwein (rot und weiß)

Der große Vorteil liegt darin, daß diese Früchte sehr sauer sind (sie weisen bis zu 28 g/l Gesamtsäure auf) und sie können deshalb mit Wasser bzw. Zuckerwasser stark verdünnt werden. Durch diesen hohen Säuregehalt ist auch die Anfälligkeit gegen Krankheiten sehr gering, so daß in der Regel diese Weine kaum krank werden.

Erdbeerwein

Erdbeeren eignen sich hervorragend zu Fruchtwein, nicht nur weil sie ein feines Aroma haben, sondern weil auch noch Früchte verarbeitet werden können, die für den direkten Verzehr nicht mehr geeignet sind (z. B. Marktrückstände usw.).

Sauerkirschwein

Von den Steinobstarten dürfte der Sauerkirschwein der aromatischste und eleganteste Fruchtwein sein. In der Regel wird man alkoholreiche Dessertweine herstellen, die eine gewisse Restsüße aufweisen. Es eignen sich fast alle Sauerkirschsorten, wenn sie in der Farbe kräftig sind (außer den »Frühen Ludwigs«).

Brombeerwein

Sowohl aus Kulturbeeren als auch aus wilden Brombeeren kann Wein hergestellt werden, wobei die Früchte sehr ergiebig sind. Es kann sowohl eine Saft- als auch eine Maischegärung durchgeführt werden. Auf jeden Fall müssen die Früchte zerstampft bzw. zerdrückt werden. Durch die Maischegärung wird die Farbe des Weines kräftiger.

Heidelbeerwein

Die Heidelbeerweinherstellung ist etwas mühselig, da das Pflücken doch sehr aufwendig ist. Die Weine sind aber sehr aromatisch und in kurzer Zeit reif. Sie lassen sich nicht so lange aufbewahren wie andere Fruchtweine. Sie reagieren vor allem sehr nachteilig auf Lufteinwirkung, da sie leicht ihre Farbe verlieren und braun werden.

Stachelbeerwein

Für Stachelbeerwein ist die Maischegärung am besten geeignet. Der Pektingehalt ist hier sehr hoch, ein Abpressen der frisch gemaischten Früchte ist deshalb nicht möglich. Die Gärzeit vor dem Abpressen sollte etwa 1 Woche dauern.

Rhabarberwein

Rhabarber wird in etwa 2 cm lange Stücke geschnitten, in dieser Form läßt er sich gut verarbeiten. Da Rhabarber Oxalsäure enthält, sollte diese am besten vor der Gärung durch Zugabe von kohlensaurem Kalk ausgetauscht und teilweise durch Milchsäure ersetzt werden.

Hagebuttenwein

Die ausgereiften roten Früchte der Heckenrosen und Edelrosen sind von Natur aus saftarm und müssen deshalb einer besonderen Behandlung unterzogen werden. Da aber diese Frucht sehr weit verbreitet ist, wird daraus oft Wein bereitet. Infolge der späten Ernte, also im Spätherbst (Oktober/November), sind die Temperaturen für die Gärung nicht mehr so günstig wie für die im Sommer geernteten Früchte, und die Gärzeit ist bei den Hagebuttenweinen meist wesentlich länger.

Will man Apfelwein bereiten, ist ein elektrischer Entsafter von großem Nutzen

Apfelwein

Apfelwein ist ein in der Herstellung billiges und zudem noch bekömmliches Getränk. Die Weinherstellung ist eine ideale Verwertung. Der einzige Nachteil besteht darin, daß Äpfel in größeren Mengen nicht so leicht zu entsaften sind. Man benötigt also eine Obstmühle, bevor man den Saft auspressen kann, sei es von Hand und einem Preßsäckchen oder mit einer kleinen Presse. Die Äpfel brauchen weder geschält noch entkernt zu werden, man wäscht sie nur mit kaltem Wasser ab. Bei dieser Fruchtart wählt man nur eine Saftgärung und nicht die, bei vielen anderen Früchten zweckmäßigere, Maischegärung.

Der Apfelcider

Dieses Getränk wird ebenfalls aus Apfelsaft hergestellt, nur wird hier durch Zugabe einer größeren Menge Zucker ein Alkoholgehalt von etwa 13 Volumenprozent und höher (Dessertwein) angestrebt und später, falls nötig, mit Zucker nachgesüßt.

Holunderbeerwein

Die Holunderbeeren enthalten nicht nur viel Gerbstoff (außer dem willkommenen hohen Farbstoffgehalt), sondern auch noch einen Stoff, der vor allen Dingen in den unreifen, also grünen und roten Beeren und Stielen vorkommt: das Sambunigrin. Erst bei vollkommener Reife wird diese am Strauch abgebaut. Trotzdem kann es vorkommen, daß noch etwas in den Saft übergeht. Aus diesem Grunde sollte man entweder die Holunderbeermaische oder den abgepreßten Saft auf etwa 80 °C erhitzen und dann erst vergären.

Schlehenwein

In Deutschland sind die Schlehen (Früchte des Schwarzdorns) weit verbreitet und liefern einen billigen Grundstoff für die Weinbereitung. Der Wein kann u. U. bei sachgemäßer Herstellung und Ausbau an einen guten Trauben-Rotwein herankommen.

Himbeerwein

In der Regel werden Himbeeren nicht zu Wein verarbeitet, sondern finden eher im Haushalt und in der Sirupherstellung Verwendung (Saftbereitung).

Quittenwein

Zum Herstellen von Wein eignen sich die Früchte wegen der schlechten Verarbeitungsmöglichkeit kaum, wohl aber als Zusatz zu aromaschwachen Apfel- und Birnenweinen. Die Früchte sind sehr hart, selbst nach langer Lagerung lassen sie sich nicht einfach maischen, es sei denn, man halbiert die Früchte und dämpft sie, wobei aber die Aromastoffe in Mitleidenschaft gezogen werden.

Mirabellenwein

Vom Aroma her und auch vom Zuckergehalt wäre dies eine außerordentlich gute Frucht für die Weinbereitung, jedoch ist der Pektingehalt so hoch, daß der Saft kaum vom Fruchtfleisch zu trennen ist, selbst wenn eine Maischegärung durchgeführt wird. Sehr reife und überreife Mirabellen leiden meist an Säuremangel.

Pflaumenwein

Für Pflaumenweine gilt beinahe das gleiche wie bei Mirabellenweinen. Infolge großer Ernten wird doch ab und zu aus diesen Früchten Wein hergestellt.

Reiswein

Von den Getreidearten eignet sich nur Reis für die Weinbereitung. Obwohl diese Frucht kaum Aroma hat und der wertbestimmende Bestandteil, die Stärke, nicht verzuckert und daher von der Hefe nicht vergoren werden kann. (Es sei denn, man gibt ein stärkespaltendes Enzym [Amylase] zu.) Die Beschaffenheit dieses Enzyms ist allerdings etwas schwierig; in den gewerblichen Betrieben, wie Brennerei und Brauerei, wo Kartoffeln und Getreide vergoren werden, wird dieses Verzuckerungsmittel meist in Form von Darrmalz zugesetzt. Die stärkehaltigen Reiskörner müssen aber außerdem geschrotet, eingeweicht, erhitzt und angesäuert werden, damit der Verzuckerungsprozeß ablaufen kann. Erst nach Abkühlung wird Hefe zugesetzt, und zwar in größeren Mengen, damit die Gärung in einigen Tagen beendet ist.

Ananaswein
Hier werden in der Regel Ananasstücke und der Sirup mitverarbeitet; der Wein muß auf jeden Fall aufgesäuert werden, da die natürliche Säure zu niedrig liegt.

Bananenwein
In den letzten Jahren hat dieser Wein mehr und mehr Eingang in die häusliche Weinbereitung gefunden, da diese Südfrüchte im überreifen Zustand sehr billig und außerdem besser geeignet sind als die festen und gesunden Bananen.

Ananasstücke werden in einem Drehsieb (Durchschlag) zerkleinert

Aprikosenwein
Diese Früchte werden nur dann zu Wein verarbeitet, wenn sie zum direkten Genuß nicht mehr geeignet sind oder wenn sehr große Mengen anfallen. Die Steine werden vorher aber entfernt, was infolge der Fruchtgröße relativ schnell geht und für den Hobby-Weinbereiter keinen großen Zeitaufwand erfordert.

46

Orangenwein
Die säurereichen und gut ausgereiften, kernlosen Orangen eignen sich besser und sind auch ergiebiger. Die Früchte dürfen allerdings nicht angefault sein, weil sonst ein Bitterton entsteht.

Honigwein
Honigwein gilt als ein etwas schwieriger Wein, da die Vergärung nicht so leicht ist wie bei den Weinen aus Früchten. Geringwertiger Honig hat auch zur Folge, daß die Weine nicht schmackhaft sind. Meistens werden

Zitrusfrüchte können leicht mit einer Zitronenpresse entsaftet werden

jedoch Gewürze und Säuren zugegeben, damit er aromatischer schmeckt.

Pfirsichwein
Hier gilt ähnliches wie bei den Aprikosen. Der Geschmack ist allerdings sehr dürftig, so daß sich eigentlich eine Weinbereitung kaum lohnt.

Blüten und Blütenblätterwein

Blüten verdanken ihren Duft flüchtigen Substanzen, die bei falschen Verfahrensweisen schnell verlorengehen. Darum Blüten nie mit heißem Wasser in Berührung kommen lassen. Niemals andere Zutaten hinzufügen, bevor sich die anfänglich stürmisch verlaufende Gärung beruhigt hat. Andernfalls würde die sich heftig entwickelnde Kohlensäure die zarten Duftstoffe mit sich fortreißen.

Verläuft die Gärung dann gemäßigter (meist nach etwa einer Woche), werden alle grünen Teile von den Blüten entfernt, die Blütenteile einige Male gewaschen und in den gärenden Wein gegeben. Damit die leichten Blüten im Wein untertauchen, also ständig benetzt bleiben, muß öfters umgeschwenkt werden. Die Maischegärung etwa noch 1 Woche fortführen. Der Most muß während dieser Zeit täglich 1 bis 2 mal geschüttelt werden.

Ein Nachteil dieser Methode: Die Blüten schwimmen an der Oberfläche des gärenden Jungweines. Dadurch dauert es länger, bis die Duftstoffe entzogen sind. Nimmt man einige Blüten nur zur Geschmacksverbesserung, ist es besser, man gibt sie in ein Gazesäckchen, das man mit sterilisierten Glasmurmeln (Kugeln) beschwert und zunäht. Auf diese Weise bleiben die Blüten unter der Oberfläche des Mostes und geben so ihre Duftstoffe schneller ab. Bei diesem Verfahren müßte der Entzug der Duftstoffe nach drei Tagen abgeschlossen sein. Blüten können jedem Most zugesetzt werden, um das Bukett des Weines zu verbessern oder abzuändern. Am geeignetsten sind Holunderblüten, Löwenzahnblüten und evtl. Rosenblüten

(sehr intensiv). Jede dieser drei genannten Blütenarten ergibt mit den notwendigen, in jedem Rezept angegebenen Zusätzen (wie Säure, Nährsalztabletten, Zucker, Wasser und Reinzuchthefe) ebenfalls einen Wein. In der Regel reichen für 10 Liter Wein schon 500 g Blüten. Die Menge kann je nach Duftintensität der Blütenblätter leicht variiert werden. Nimmt man andere als die genannten Blüten, wird man wahrscheinlich eine größere Menge benötigen.

Trockenobst

Auch aus Trockenfrüchten kann man Tischweine und Dessertweine herstellen, so z. B. aus Feigen, Datteln, Rosinen, getrockneten Hagebutten u. ä., doch wird der Wein nicht von gleich guter Qualität sein wie bei frischen Früchten. Nimmt man Trockenfrüchte, braucht man nur etwa ein Drittel bis zur Hälfte der Gewichtsmenge, die für frisches Obst angegeben ist.

Zunächst werden die Früchte einige Male warm gewaschen (Entfernung evtl. vorhandener Konservierungsstoffe wie schweflige Säure u. ä.), dann zerkleinert man die Früchte, weicht sie ein und führt über mehrere Tage eine Maischegärung durch, ähnlich wie bei den Weinen aus frischen Früchten.

Mörser und Stößel sind hilfreich,
wenn man Beeren zerstampfen will –
wie diese Holunderbeeren

Um Most aus Gemüse zu gewinnen, muß es zerkleinert und gekocht werden.

Gemüsewein

Theoretisch könnte man aus fast allen Gemüsearten Wein herstellen, doch sprechen eine ganze Reihe von Gründen gegen diese Art der Verwertung: die Trennung des Saftanteils von den festen Substanzen (Rohfaser, Zellulose usw.) ist nur selten im Haushalt möglich. Es geht leichter bei Kürbis und Tomaten, etwas schwerer bei Möhren, Rote Beete usw. und ist fast unmöglich bei Sellerie u. ä. Außerdem können die Säfte nicht mit der sonst bei Fruchtsäften ausreichenden Temperatur von 72 bis 77 °C steril gemacht werden, sondern erst bei Temperaturen über 100 °C. Daraus ersieht man, wie groß die Anfälligkeit dieser Säfte gegenüber den Mikroorganismen während der gesamten Gärdauer und danach ist. Dies liegt überwiegend daran, daß diese Rohstoffe *keine, bzw. nur geringe Mengen an organischen Säuren* enthalten. Die »Säure« spielt im allgemeinen bei der Haltbarkeit von Nahrungsmitteln und im besonderen bei Frucht- und Gemüsesäften eine ganz entscheidende Rolle. Man könnte sagen, ohne Säure keine Haltbarkeit, selbst wenn ein hoher Alkoholgehalt (über 13 Volumenprozent im Wein) vorliegt. Die Säure ist außerdem als Geschmackskomponente von ebenso großer Wichtigkeit.

Wegen dieser ungünstigen Zusammensetzung der Inhaltsstoffe und wegen der sehr schlechten Preßbarkeit kommen diese Gemüsearten für die Weinbereitung kaum in Frage; hinzu kommt noch, daß sich die Säfte oder auch die Weine im ausgebauten Zustand nicht oder nur ungenügend klären, auch bei Verwendung von Schönungsmitteln.

Es soll keineswegs von der Weinbereitung aus Gemüsen abgeraten werden, doch ist es notwendig, von vornherein auf einige Schwierigkeiten hinzuweisen. Wer Versuche durchführen möchte, muß folgende Grundregeln beachten:

Bei allen Gemüsearten geht man ziemlich einheitlich vor; erst wäscht oder schrubbt man sie. Dann schneidet man sie klein (Tomaten) oder reibt sie fein (Möhren usw.), kocht sie kurz auf (Sellerie, Rote Beete) bzw. schält, entkernt und schneidet sie klein (Kürbis). Nach Abkühlung auf etwa Zimmertemperatur setzt man pektinabbauende Enzyme (z. B. Antigel) zu, läßt diese einige Stunden einwirken, preßt entweder den Saft ab und vermischt mit den übrigen Zutaten, falls aber der Saft nicht abpreßbar ist, führt man eine 1- bis 2wöchige Maischegärung durch. Für etwa 10 Liter Wein benötigt man durchschnittlich 5 kg dieser Gemüsearten, unabhängig von dem Saftanteil. Der Säurezusatz richtet sich jetzt nicht nach der vorhandenen Säure, sondern nach der Menge, die im fertigen Wein vorhanden sein soll, und zwar beträgt diese etwa 6 g/l, so daß also auf 10 Liter Weinansatz 60 g Zitronensäure oder 70 bis 80 g 80%ige Milchsäure zugesetzt werden müssen. Für leichtere Tischweine (etwa 10 Volumenzent) sind 2 kg Zucker, für etwas stärkere Weine 2,5 bis maximal 3 kg Zucker zuzusetzen. Die Nährsalzmenge liegt wieder bei 4 g/10 l; die Reinzuchthefe setzt man zweckmäßigerweise einige Tage vorher schon in einem halben Liter Apfel- oder Traubensaft an und macht so einen Gärstarter. Vergoren wird auch wieder im Ballon unter Göraufsatz.

**Getreide kann man in einem ganz
normalen Haushaltswolf zerkleinern**

Die Saftinhaltstoffe

Zucker

Bei der Gärung entsteht, wie schon erwähnt, durch die Einwirkung von Hefe aus Zucker Alkohol. Der Alkoholgehalt des späteren Weines hängt daher von dem im Most gelösten oder vor der Gärung noch zugesetzten Zucker ab. Obst und sonstige Früchte, die dem Hobby-Weinbereiter zur Verfügung stehen, enthalten oft nicht genügend Zucker. Darum setzt man dem abgepreßten Saft normalerweise um diesen Mangel auszugleichen, weißen Kristallzucker zu. Dieser ist eine reine Form des Rübenzuckers, der in der Fachsprache auch als Saccharose bezeichnet wird. Der von Natur aus in den Fruchtsäften vorkommende Zucker setzt sich aus Trauben- und Fruchtzucker zusammen, die beide direkt vergärbar sind; Rübenzucker dagegen muß erst durch die Fermente der Hefezellen aufgespalten werden.

Zucker setzt man dem Most am besten in Form von Zuckerlösung zu

Es gibt noch andere Zuckerarten, die nicht vergärbar sind und vom Weinbereiter nur zum Nachsüßen des Weines verwendet werden können, z. B. Zuckeraustauschstoff Xylit und Sorbit – besonders wichtig für Diabetiker! – oder Nichtzucker wie Süßwunder (Sacharin).

Da der Zucker den größten Anteil aller in den Säften gelöster Stoffe ausmacht, kann er indirekt mit einer Mostwaage bestimmt werden.

Die Mostwaage (Öchslewaage)

Jeder natürliche Fruchtsaft enthält auch Zucker, der spezifisch schwerer ist als Wasser; löst man weiteren Zucker nach und nach im Saft (oder Wasser) auf, wird die Lösung immer »dichter«, also schwerer als Wasser. Das spezifische Gewicht nimmt also zu. Die Zunahme wird mit einem Aräometer, einer Mostwaage, gemessen.

»Könnte man den Zuckergehalt des Rebenmostes messen, müßte es möglich sein, die Entwicklung eines Weines besser vorauszusehen« sagte sich zur Zeit Napoleons I. der Pforzheimer Goldschmied, Apotheker, Physiker, Erfinder und Weinfreund Ferdinand Öchsle. Und entwickelte die Mostwaage, die in ihrer Grundform heute noch besteht.

Mit der Mostwaage nach Öchsle wird das spezifische Gewicht von Zuckerlösungen, insbesondere von süßen, nicht gärenden Trauben-, Obst- und Fruchtsäften und auch Maischefiltraten bestimmt. Sie umfaßt den Bereich von 0 bis 130 °Öchsle (Oe), was einem spezifischen Gewicht von 1,000 bis 1,130 g/l entspricht. Die Öchslegrade zeigen an, um wieviel Gramm 1 Liter

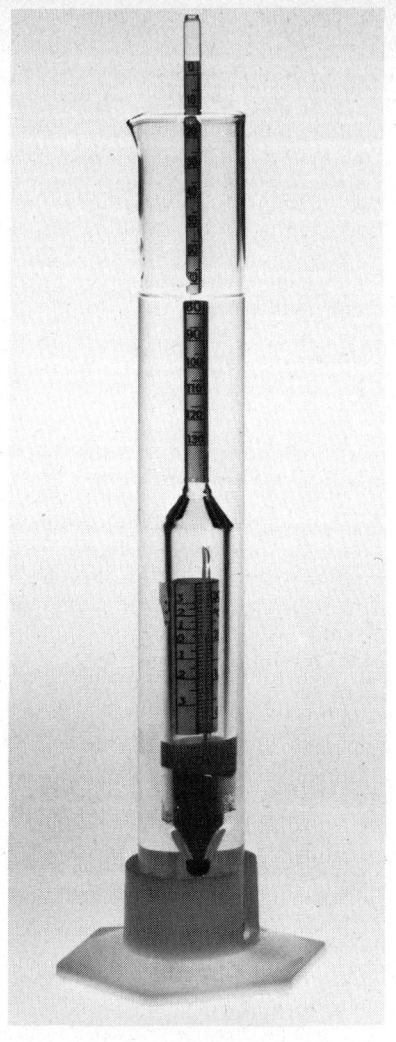

Messung mit der Öchslewaage. Die Flüssigkeit darf keine groben Trübstoffe enthalten

der betreffenden Flüssigkeit bei einer bestimmten Bezugstemperatur mehr wiegt (schwerer ist) als 1 Liter Wasser (1000 g). Zum Beispiel hat ein Apfelmost mit 60 °Oe ein spezifisches Gewicht von 1,060. Das besagt, 1 Liter wiegt 1060 g.

Besonders für die Öchslewaage gilt der Hinweis, daß die zu messende Flüssigkeit keine groben Trubstoffe enthalten soll, da sonst die Messung verfälscht wird (zu hohe Werte). Die Bezugstemperatur ist möglichst genau einzuhalten und die Kohlensäure muß vor der Bestimmung ausgeschüttelt werden.

Außer zur Feststellung des Anfangsmostgewichtes bei frisch gepreßten, süßen Säften (wichtig für eine etwaige Trocken- oder Naßverbesserung) dient die Öchslewaage aber auch nach eingetretener Gärung zur laufenden Beobachtung der Alkoholbildung. Mit Eintreten der Gärung und dem sich dadurch bildenden Alkohol wird das spezifische Gewicht der Flüssigkeit ständig leichter, die Öchslegrade gehen von Messung zu Messung zurück. Aus diesem Rückgang kann der Fortschritt der Gärung laufend beobachtet werden. Bei Abnahme um 1 °Oe nimmt der Alkoholgehalt fast genau um 1 g/l zu. Diese wechselseitige Beziehung hat zur Folge, daß man den Alkoholgehalt eines Weines genau ermitteln kann, wenn das Anfangsmostgewicht (Öchslegrade) festgestellt wurde. Die Öchslewaage zeigt auch den Stillstand und schließlich das Ende der Gärung an.

Die abgelesenen Öchslegrade müssen, falls die Temperatur wesentlich von 20 °C abweicht, korrigiert werden, wobei die Temperaturen unter 20 °C

entsprechend Öchslegrade abgezogen, bei Temperaturen über 20 °C Öchslegrade hinzugezählt werden (für etwa 4 °C Abweichung wird 1 °Oe abgezogen bzw. zugezählt).

Hat man keine Mostwaage oder handelt es sich um eine Maischegärung, bei der das Mostgewicht nicht genau festgestellt werden kann, muß sich der Hobby-Weinbereiter – was die Zukker-Zugabe betrifft – an ein erprobtes Rezept halten oder sich auf seine Erfahrung verlassen.

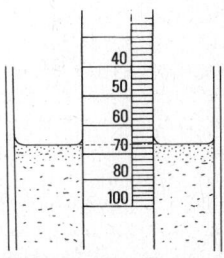

Die Öchslewaage wird auf der Höhe des Flüssigkeitsspiegels abgelesen (gestrichelte Linie). Die seitliche Hochwölbung der Flüssigkeit (Meniskus) ist nicht zu beachten

Säuren

Wein aus einem Most mit ungenügender Säure (weniger wie 6 g/l) schmeckt fade, weich, mild, und er ist schlecht haltbar. Wein aus Saft mit hoher Säure (mehr als 9 g/l) schmeckt sauer und kann unverträglich sein – er ist jedoch sehr gut haltbar. Die Früchte enthalten in der Regel verschiedene Arten von Säuren: Zitronensäure, Apfelsäure und Weinsäure. Dies sind die drei wichtigsten Fruchtsäuren. Sie variieren in Art und Menge von einer Fruchtart zur anderen und zwischen verschiedenen Partien der gleichen Frucht. Getreide, Blütenblätter und Gemüse enthalten nur unwesentliche Mengen an Säuren.

Will man die Weinbereitung sehr sorgfältig durchführen, sollte man den Säuregehalt des Mostes vor der Vergärung durch Titrieren feststellen. Dazu benutzt man ein Säuremeßgerät (z. B. das Acidometer). Die Handhabung ist sehr einfach. Ein eventueller Säuremangel kann durch Säurezugabe ausgeglichen werden. Meist verwendet man Milchsäure, aber auch Zitronensäure läßt sich verwenden. Hat z. B. ein frischer Saft oder Weinansatz 4,0 g/l Säure, dann erhöht man die Säure auf etwa 6,0 g/l durch Zusatz von 2 g Säure/l Flüssigkeit.

Was man gegen ein Übermaß an Säure tun kann

Ein Übermaß an Säure (über 9 g/l) macht den Wein hart und spitz (wie die Fachleute sagen). Einen Traubenmost kann man entsäuern, indem man ihm kohlensauren Kalk zusetzt (Calciumcarbonat, $CaCO_3$). Um 1 g Säure/Liter zu entfernen, benötigt man 0,7 g $CaCO_3$. Man stellt den Most vor der Vergärung auf etwa 8 g/l Säure ein, nicht tiefer. Auch durch Verdünnen mit Wasser läßt sich die Säure auf ein Normalmaß von 6 bis 8 g/l einstellen. Hat z. B. ein frischer Saft oder Weinansatz 16 g/l Säure, dann verdünnt man auf etwa 8 g/l, indem man zu 1 l Saft noch 1 l Wasser zusetzt.

Gerbstoff

Gerbstoff (Tannin) ist vor allem in Blättern, Schalen, Stengeln und Kernen von Früchten enthalten. Etwas Gerbstoff im Wein kann vorteilhaft sein, die Klärung des Weines fördern und die Haltbarkeit verbessern. Ohne Gerbstoff wäre ein Wein fade und matt. Ein Zuviel an Gerbstoff macht Wein aber stumpf, rauh und hart, obgleich dieser »Fehler« bis zu einem gewissen Grad durch eine lange Reifezeit kompensiert werden kann.

Es gibt keine einfache Methode, nach der man erkennen könnte, wieviel Gerbstoff man einem Most von Natur aus belassen oder zusetzen könnte. Der Hobby-Weinbereiter muß sich da auf erprobte Rezepte oder seine Erfahrungen verlassen.

Damit bei der Maischegärung der Wein den zerkleinerten Früchten nicht zuviel Gerbstoff entzieht, muß der Gärprozeß abgebrochen werden, sobald der Most ausreichend Farbe angenommen hat und die Maische gut preßbar ist. Überschüssigen Gerbstoff kann man auch mittels organischer Schönungsmittel (Gelatine, Hühnereiweiß) aus dem Wein entfernen. (s. S. 124)

Pektine

Viele Früchte und Gemüse enthalten Pektine, die zur Gruppe der Kohlenhydrate gehören. Diese Stoffe sind im Most unerwünscht, weil sie bewirken, daß der Saft schwer abpreßbar ist und sich der Wein später schlecht klärt (siehe S. 66). Die meisten Früchte, die Pektine enthalten, enthalten gleichzeitig auch Enzyme, die Pektine teilweise spalten. Daher bringt das Klären eines Weines aus diesen Früchten meist kein Problem mit sich. Diese Enzyme werden jedoch durch Wärme (über 55 °C) zerstört. Daher sollte man die Ausgangsstoffe, wenn man sie für die Gärung vorbereitet, erst erhitzen, auf unter 50 °C abkühlen lassen und dann erst das Enzym zugeben. Einige Ausgangsstoffe für Wein – vor allem Gemüse – müssen gekocht werden, wenn man aus ihnen Saft herausholen will. Diese Weine zeigen dann auch häufig eine anhaltende Trübung. Man kann diese Trübung teilweise verhindern oder im späteren Wein beseitigen, wenn man dem abgekühlten Most eine kleine Menge eines pektinabbauenden Enzyms (z. B. Antigel) zusetzt oder später den Wein fermentiert und schönt (klärt). Die Einwirkungszeit und Menge dieses Enzyms ist unterschiedlich: bei höheren Temperaturen (nahe 50 °C) ist die Wirkung schneller, und man benötigt kleinere Mengen; bei tiefer Temperatur (um 10 °C) wirkt es langsam, und es muß höher dosiert werden. Eine Überdosierung schadet auf keinen Fall.

Weinhefe ist als Granulat, flüssig oder in Form von Tabletten zu haben

Hefen

Hefen sind mikroskopisch kleine, einzellige Pilze. Den Hobby-Weinbereiter interessieren jene Hefearten, die Zucker in Alkohol und Kohlensäure spalten können. Da dies auch Wildhefen können, beginnt mancher Most schon dann zu gären, wenn er nur der Luft ausgesetzt wird. Wildhefen haben jedoch nur ein geringes Alkohol-Bildungsvermögen und hören auf, Zucker in Alkohol zu verwandeln, sobald 6–8 Volumenprozent Alkohol erreicht sind. Es wäre unklug, sich auf die Tätigkeit von Wildhefen zu verlassen. Besser ist es, zuerst die Wildhefen auszuschalten (s. S. 38.) und dann eine gute Reinzuchthefe zuzusetzen. Sie hat ein hohes Alkohol-Bildungsvermögen (max. bis 18 Volumenprozent) und setzt sich später schneller als Bodensatz ab, von dem sich der Wein nach Abschluß der Gärung leicht abziehen läßt.

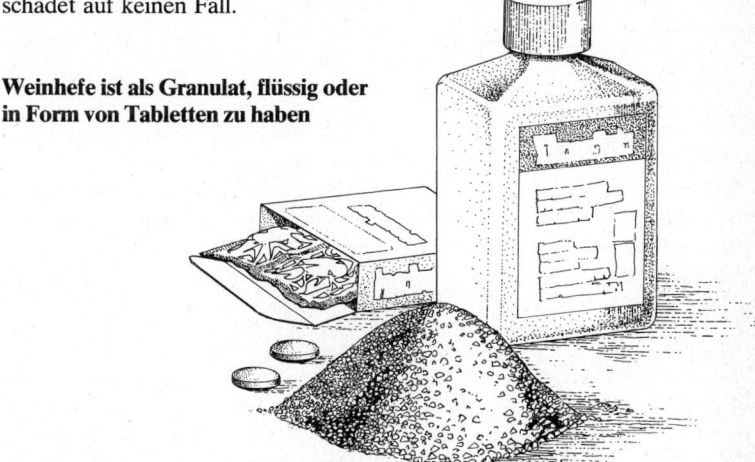

Außerdem werden durch Wildhefen Gärungs-Nebenprodukte gebildet, die das Getränk geruchlich und geschmacklich verschlechtern können. Reinhefen dagegen bilden ein reines Bukett und mit dem vorhandenen Zucker mehr Alkohol als Wildhefen. Weinhefe gibt es in flüssiger Form, als Granulat oder in Form von Tabletten. Einige Sorten sind mit Hefenährsalz versetzt – eine Substanz, die eine zuverlässige Gärung garantiert. Sicherer aber ist es, das Hefenährsalz separat hinzuzugeben. Wird kein Hefenährsalz zugesetzt, kann die Gärung normal verlaufen, wenn es sich um Traubensaft handelt oder wenn der Most Traubensaft enthält. Doch wird die Gärung vorzeitig enden, falls nicht alle

Verschiedene Hilfsmittel zur Weinbereitung

jene Substanzen, die für jedes Stadium dieses komplexen Vorgangs nötig sind, im Most vorhanden sind. Will man also die Gefahr eines zu frühen Gär-Abbruchs von vornherein ausschalten, sollte man ganz automatisch jedem Most das Nährsalz zusetzen (bis 40 g/100 l).

58

Den Most vergären

Obgleich die Gewinnung von Alkohol das wichtigste Ziel der Gärung ist, hat diese auch noch andere Aufgaben. In einigen Fällen bewirkt sie, daß den Ausgangsstoffen bestimmte Substanzen wie Farbe und Extraktstoffe entzogen werden. Man bedient sich außerdem der Gärung, um Kohlensäure zu erzeugen, die Schaumwein entstehen läßt. Die Kohlensäure bleibt dabei im Behälter (Tank oder Flasche) und erzeugt den Druck. Die Drucksteigerung geht bis etwa 8 bar; dann stellt die Hefe die Gärung ein und vermehrt sich auch nicht mehr. Sektflaschen halten sogar noch höheren Druck aus.

So bringt man die Gärung in Gang
Einige Hausweinbereiter geben die Hefe direkt in den Most, um die Gärung in Gang zu setzen. Dieses Verfahren schließt jedoch einige Risiken ein. Eventuell vorhandene schädliche Mikroorganismen können sich schneller vermehren als die Hefe und so den Most verderben. Sicherer ist es, dem Most eine schon »aktive« Hefe zuzusetzen, weil so die Gärung schneller in Schwung kommt und die Gefahr, daß der Most verdirbt, auf ein Minimum herabgesetzt wird.

Der Gärstarter
Aus diesem Grunde bereitet man einige Tage vorher einen Gärstarter (Gäransatz) vor, um so der Hefe die Möglichkeit zu geben, sich schnell zu vermehren. Der Ansatz wird folgendermaßen bereitet: Man kauft eine Fla-

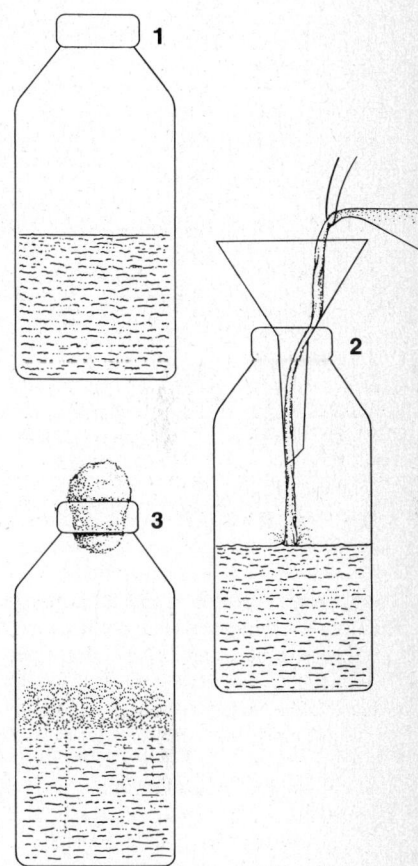

So wird ein Gärstarter angesetzt
1. **Man bereitet eine Zuckerlösung, die Hefenährsalz enthält**
2. **Ist die Lösung sterilisiert und abgekühlt, wird Hefe hinzugegeben**
3. **Nach etwa einem Tag sollte eine lebhafte Gärung eingesetzt haben**

sche Apfelsaft (auch selbsthergestellter ist geeignet, allerdings muß dieser pasteurisiert oder sterilisiert sein), leert etwa die Hälfte der Flüssigkeit, gibt eine Kultur Reinzuchthefe hinein und verschließt die Flasche mit einem Wattebausch. An einem warmen Ort bei ca. 20 bis 25 °C setzt dann die Gärung nach 1 Tag ein, wenn eine Trockenhefekultur verwendet wurde, bzw. nach etwa 2 bis 4 Tagen, wenn eine flüssige Reinhefekultur verwendet wurde. Währenddessen sollte man wenigstens täglich einmal die Ansatzflasche kurz umschütteln (Watte aber nicht benetzen!). Nach insgesamt 2 bis 5 Tagen sind so viele gärfähige Hefezellen entstanden, daß der Ansatz ausreicht, um ca. 10 bis 50 Liter Weinansatz animpfen zu können.

Die Angärphase

Die Hefe braucht gerade zu Beginn der Gärung eine gute Starttemperatur (ca. 15 bis 20 °C) und Sauerstoff. Zu diesem Zeitpunkt bildet sich zwar noch wenig Alkohol, doch die Hefe vermehrt sich schnell und verbraucht den im Most enthaltenen Sauerstoff. Normalerweise wird beim Pressen und sonstigen Vorarbeiten genügend Sauerstoff aufgenommen, und der Gärbehälter enthält beim Einfüllen genügend Luft, die für die Anfangsphase ausreicht, demnach soll man das Gärgefäß zum Durchlüften ab und zu umschütteln. Außerdem kommt dadurch die Oberfläche nicht zur Ruhe, und die in der Luft enthaltenen Sporen (z. B. von Schimmelpilzen) können nicht so leicht auskeimen. Die Angärung sollte innerhalb einiger Tage erfolgen. Die sich bildende Kohlensäure lagert sich auf der Oberfläche des

Weines ab und verdrängt dabei den Luftsauerstoff. Durch den fehlenden Sauerstoffgehalt und durch den sich bildenden Alkoholgehalt von 4 bis 5 Volumenprozent wird das Wachstum des Schimmels verhindert.

Die Maischegärung

Eine Maischegärung wendet man dann an, wenn der Wein aus Substanzen gewonnen wird, die von sich aus wenig Saft abgeben, weil sie entweder saftarm sind (Hagebutten usw.) oder weil der Saft durch das Pektin zu stark am Fruchtfleisch gebunden ist (Stachelbeeren, Erdbeeren, Zwetschgen usw.). Im Verlauf der Maischegärung werden diesen Produkten jene Substanzen entzogen, die dem Wein den »Körper«, den Geschmack, die Farbe, das Bukett oder gleich mehrere dieser Eigenschaften verleihen. Maischegärung wird auch dann angewandt, wenn man den Fruchtschalen Farbe entziehen will – wie das beispielsweise bei der Rotweingewinnung aus Trauben geschieht.

Generell gilt: Die Maischegärung sollte so kurz wie möglich und so lang als nötig dauern, damit den Schalen, Stielen und Kernen nicht zuviel Gerbstoff (Tannin) entzogen wird (siehe S. 56). Eine kurze Maischegärung verhindert außerdem das Risiko des Verderbs.

Die Maischesubstanzen (Fruchtfleisch usw.) steigen nämlich zur Oberfläche des Mostes auf und müssen ständig (täglich einmal) nach unten gestoßen werden. Im allgemeinen sollte die Maischegärung nicht länger als 1 bis 2 Wochen dauern.

Die Maischegärung führt man, wenn möglich, in einem Ballon oder Bottich durch, der luftdicht mit einem Gärauf-

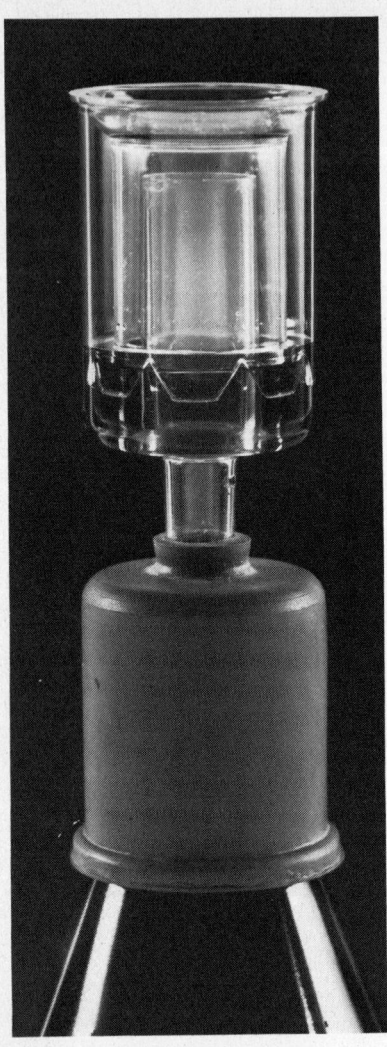

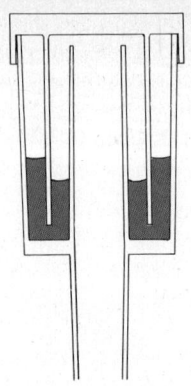

Querschnitt durch einen Göraufsatz

satz verschlossen werden kann (weite Öffnung). Das Gärgefäß wird an einen warmen Ort gestellt und der Inhalt täglich einmal umgeschüttelt. Behälter nur etwa zur Hälfte füllen, da die gärende Maische hochsteigt (ca. 50% Steigraum). Die Ideal-Temperatur liegt um etwa 20 °C. Bei Temperaturen, die ca. 30 °C überschreiten, geht die Reinzuchthefe zugrunde (versiedet).

Die Saftgärung

Saftgärung kann man auf die gleiche Art beginnen wie die Maischegärung. Man kann den Most aber auch, da er keine festen Bestandteile enthält, sogleich in einen Gärbehälter füllen und einen Göraufsatz aufsetzen. Der Behälter sollte bis kurz unter den Halsansatz gefüllt werden (ca. 80 bis 90% Füllhöhe, ca. 10 bis 20% Steigraum). Unter günstigen Bedingungen sollte innerhalb von 2 bis 4 Tagen eine sichtbare und hörbare Gärung eingesetzt

Der Göraufsatz läßt Kohlensäure aus dem Gärgefäß entweichen und verhindert gleichzeitig, daß der Most von in der Luft befindlichen Mikroorganismen infiziert wird

haben. Nach einigen weiteren Tagen verliert die Gärung allmählich an Heftigkeit – die stürmische Gärung läßt wieder nach. Das zeigt den Beginn einer neuen Gärphase an, die dann wieder ruhig wird.

Die zweite Gärphase

Handelt es sich bei der ersten Phase um eine Maischegärung, sollte man die Flüssigkeit nun durch ein Nylonsieb oder ein Tuch ins Gärgefäß seihen und die Maische auspressen. Das Gefäß kann jetzt bis zum Rand gefüllt werden – es kommt nicht mehr zum überlaufen; falls nötig, kann man mit etwas zusätzlichem Most ähnlicher Art auffüllen. Dann setzt man einen Gäraufsatz auf den Behälter und läßt bei ca. 20 °C weitergären.

Rote Säfte bzw. Jungweine und Maischen sollte man nicht der Sonne aussetzen, weil sie dadurch leicht ihre Farbe verlieren und braun werden. Auch für weiße Weine ist dies nachteilig. Eventuell wird sich ein feines Sediment aus Maischesubstanzen am Boden des Gefäßes absetzen. Dies muß täglich durch Schütteln aufgewirbelt werden; dadurch wird die Gärung weiter angeregt. Die Temperatur sollte während dieser Gärphase möglichst gleichbleibend sein, denn ein Temperaturabfall um mehr als 4 °C kann u. U. die Gärung beenden, so daß der Alkoholgehalt noch zu niedrig liegt (Gefahr einer späteren Nachgärung, besonders im darauffolgenden Sommer) und der Wein zu süß schmeckt (unharmonisch).

Erst wenn nach dem Schütteln keine Kohlensäure mehr durch den Gäraufsatz entweicht, kann angenommen werden, daß die Gärung beendet ist.

Man kann sich durch eine Geschmacksprobe davon überzeugen; das erfordert wohl etwas Übung, läßt sich aber leicht erlernen. Man kann auch zur Öchslewaage (Mostwaage) greifen und das Mostgewicht feststellen; in der Regel vergären Apfel- und Birnenweine, auch Traubenweine bis auf 0 °Oe herunter, ja sogar noch tiefer (Minuswerte). Auch Tischweine, zu deren Ansatz nur etwa 1 bis 2 kg Zucker/10 l verwendet wurden, vergären vollkommen durch. Dagegen ist es schwierig, Dessertweine bis auf 0 °Oe herunter zu vergären, und man kann schon zufrieden sein, wenn die Werte bei etwa 20 °Oe liegen. Dann dürfte sich der Alkoholgehalt um 13 Volumenprozent einpendeln, was zur Haltbarkeit ausreicht.

Eine konstante Blasenbildung im zylindrischen Gäraufsatz zeigt an, daß alles normal verläuft.

Die für die Gärung benötigte Zeit kann stark variieren – zwischen etwa 1 Woche bei Apfelweinen, 2 Wochen bei Tischweinen und mehreren Monaten bei alkoholstärkeren Weinen (Dessertweine – bis 17 Volumenprozent Alkohol). Manchmal bricht die Gärung vorzeitig ab, weil dem Most bestimmte, für diesen Prozeß erforderliche Substanzen fehlen. Das erkennt man daran, daß keine Blasen mehr entweichen, der Most aber süß schmeckt und ein Mostgewicht hat, das noch beträchtlich über Null liegt (bei Dessertweinen sogar über 30 °Oe). Um den Most wieder in Gärung zu bringen, muß man etwas Hefenährsalz zugeben, schütteln oder den Most wärmer stellen. Wirkt das nicht, muß ein neuer Gärstarter angesetzt werden. Wenn dieser kräftig gärt, muß eine gleichgroße Menge nichtgärenden Mostes zugesetzt werden. Gärt diese Mischung, muß diese Prozedur solange durchgeführt werden, bis der gesamte Most wieder in Gärung ist.

Lieblich oder trocken

Ist die Gärung bis zum Ende abgelaufen, so ist der entstandene Wein trocken. Lieblicheren (süßen) Wein erhält man, wenn man den Gärprozeß kurz vor seinem Abschluß vorsätzlich beendet oder, wie schon ausgeführt, durch Temperatursturz unterbricht. Oder man süßt trockene Weine nach Abschluß der Gärung nach. Diese Methode ist vorzuziehen, da keine Nachgärung mehr infolge des höheren Alkoholgehaltes zu erwarten ist und die Nachsüßung dem Geschmacksempfinden besser angepaßt werden kann.

In der Regel kommen säurearme Weine ohne Restsüße aus; im Gegensatz dazu sind säurereiche Weine (über 7 g/l) harmonischer, wenn sie etwas Restzucker enthalten. Auch bestimmt der Alkoholgehalt die Geschmacksharmonie mit, und hochprozentige Weine (über 12 Volumenprozent) sind ohne Restsüße nicht ansprechend, gleich, ob es sich um Trauben- oder um Fruchtweine handelt. Je höher der Alkoholgehalt liegt, desto mehr Restsüße soll ein Wein enthalten. Fruchtdessertweine z. B. mit ca. 15 Volumenprozent Alkohol brauchen mindestens 40 bis 50 g Zucker/ Liter. Dies gemessen, entspricht etwa 20 °Oe.

Stiller Wein oder Schaumwein

Der Unterschied zwischen Wein und Schaumwein besteht darin, daß letzterer Kohlensäure enthält. Man kann Wein in einen Schaumwein verwandeln, indem man eine sorgfältig überwachte Flaschengärung durchführt (siehe S. 78 und S. 94).

Klären, Verstärken, Verschneiden

Nach Abschluß der Gärung ist aus Most Wein geworden – obgleich der Hobby-Weinbereiter, probiert er den Wein jetzt, das noch nicht recht glauben mag. Jetzt benötigt es Sorgfalt und Zeit, damit aus der trüben, häufig übelschmeckenden Flüssigkeit ein klares, wohlschmeckendes Getränk wird. In diesem Kapitel erfahren Sie alles darüber, wie man den Wein klärt und hartnäckige Trübungen beseitigt. Außerdem wird beschrieben, wie man Weine »verstärkt«, um den Alkoholgehalt zu steigern, und wie man sie verschneidet, um die Qualität zu verbessern.

Das Abziehen mit dem Kitzinger Weinheber. Durch den Falldruck fließt die Flüssigkeit vom Vorratsbehälter in die Flasche ab. Diese muß dabei tiefer als der Flüssigkeitsspiegel im Vorratsgefäß stehen

Den Wein abziehen

Während der Gärung setzt sich auf dem Boden des Gefäßes eine Schicht aus Hefezellen und anderen festen Teilchen ab. Den Wein »abziehen« bedeutet, ihn von diesem Bodensatz, dem sogenannten Hefegeläger, zu trennen. Wein nimmt eine unschöne Farbe an, wenn er zu lange auf dem Hefegeläger belassen wird. Auch kann sich die Hefe zersetzen und beginnen, übel zu riechen. Deshalb sollte man ihn »abziehen«, sobald die Gärung beendet ist.

Eine Flüssigkeit kann nur auf eine niedrigere Ebene »abgezogen« werden (durch Falldruck z. B. mit dem *Kitzinger Weinheber*). Also muß das Gefäß, das den Wein aufnehmen soll, niedriger stehen als jenes, das den Wein enthält. Müssen Sie dazu das Gefäß mit dem Wein bewegen, seien Sie vorsichtig, damit der Bodensatz nicht aufgewirbelt und der Wein dadurch noch trüber wird. Bei großen, schweren Behältern geschieht dies relativ leicht. Es ist ratsam, ein solches Gefäß etwa eine Woche vor dem Abziehen des Weines auf einen stabilen Tisch zu stellen. Dann kann sich der Hefetrub, falls er aufgewirbelt wurde, in Ruhe wieder zu Boden setzen.

Man kann zum Abziehen des Weins einfach auch einen biegsamen Gummi- oder Kunststoff-Schlauch in Lebensmittelqualität verwenden. Es wird dann allerdings schwierig sein zu vermeiden, daß zum Schluß nicht doch ein wenig vom Geläger abgesaugt wird.

Der Weinheber besteht aus einem ausziehbaren Glas- oder Kunststoffrohr mit U-förmigem Kopf-Bogenstück, über das der Schlauch gestülpt wird, der am anderen Ende ein Absperrventil (Hahn) hat. Dieses (heute meist) Kunststoffrohr wird durch das eine obere Loch des Gummistopfens gesteckt, von unten das Ausziehteil (mit etwas größerem Durchmesser) eingeschoben und in das zweite Loch ein Gäraufsatz eingesteckt. So kann beim Abziehen der Flüssigkeit Luft ins Gefäß gelangen – sie nimmt den Platz des Weins ein.

Beim Abziehen senkt man das Ausziehrohr bis etwas über den Bodensatz ab (also nicht bis auf den Grund!) und bläst dann mit dem Mund durch den Gäraufsatz. Bei offenem Hahn wird der Wein durch das Rohr aufsteigen und in einem Fluß (ohne Luftbläschen) durch den Schlauch und Hahn abfließen. Man kann auch am unteren Ende des Schlauches saugen und das Schlauchende, sobald der Wein zu fließen beginnt, in das Aufnahmege-

fäß hineinhalten. Ist das obere Gefäß nahezu leer, neigt man es ein wenig, damit der restliche Wein in das untere Rohr des Weinhebers gelangen kann. Beenden Sie das Abziehen sofort, wenn etwas vom Hefegeläger mit abgesogen wird.

Beim Umfüllen gibt man auf 10 l Wein etwa eine Schwefeltablette (1 g) hinzu. Dabei wird die Tablette auf Papier zu Pulver zerstoßen und in etwas Wein aufgelöst, bevor sie zu der gesamten Weinmenge gegeben wird. Die schweflige Säure in der Schwefeltablette beschleunigt die Klärung des Weins. Das Gefäß wird mit einem zylindrischen Gäraufsatz weiterhin verschlossen gehalten, denn es könnte sein, daß die Gärung doch noch nicht ganz beendet ist und weiterhin Kohlensäure gebildet wird. Stellen Sie den Wein jetzt an einen kühlen, dunklen Ort und wiederholen Sie nach einigen Monaten, falls nötig, das Abziehen bis der Wein klar ist. Von nun an wird der Wein sich zusehends klären. Während dieser Klärphase reift der Wein allmählich (siehe S. 74).

Trübungen

Bei manchen Weinen treten hartnäckige Trübungen auf. Das ist vor allem bei Weinen aus Gemüsen und anderen Früchten, die sehr viel Pektin enthalten, der Fall. Pektin verhindert, daß sich die Trubstoffe am Boden absetzen. Um festzustellen, ob Pektin vorhanden ist, verrührt man ein wenig Wein mit der vierfachen Menge an Brennspiritus und mischt gut durch. Ist Pektin im Wein, bildet sich eine geleeartige Masse, meist schon innerhalb weniger Sekunden. Gegen Pektin-Trübungen helfen pektinabbauende

Enzyme (z. B. *Kitzinger Antigel*). Hartnäckige Trübungen können auch durch Stärke hervorgerufen werden, besonders in Weinen aus Äpfeln oder Getreide. Ist Stärke vorhanden, zeigt sich dieses, wenn man ein wenig Wein zu ein paar Tropfen Jodlösung hinzufügt und sich dieser Wein dunkelblau färbt.

Klärt sich ein Wein nicht von Natur aus, muß bzw. kann man durch eine Schönung die Klärung herbeiführen. Mechanische wirkende, also nicht kol-

Die Fruchtfliege *Drosophila melanogaster,* auch Essigfliege genannt, ist des Winzers ärgste Feindin

loidal gelöste Trubstoffe kann man im allgemeinen durch Filtern beseitigen. Am einfachsten geht das, wenn man den Wein durch einen Trichterfilter (z. B. *Kitzinger Trichterfilter*) in ein anderes Gefäß umfüllt. Je nach Trübungsgrad kann dies langsam oder schneller gehen. Dabei nimmt der Wein aber zwangsläufig Sauerstoff aus der Luft auf und wird dadurch dunkler, wenn er nicht genügend geschwefelt ist. Die Oxidation kann man einschränken, wenn rechtzeitig und genügend geschwefelt wird.

Infektionen

Infektionen können beinahe in jeder Phase der Weinbereitung eintreten, wenn schädliche Mikroorganismen an den Wein gelangen (s. S. 37). Diese Gefahr ist weitgehend gebannt, wenn der Most erst einmal zufriedenstellend unter dem zylindrischen Güraufsatz gärt. Die sich üppig vermehrende Reinzucht-Hefekultur unterdrückt im allgemeinen sämtliche, möglicherweise im Most vorhandenen, schädliche Mikroorganismen, und der Güraufsatz verhindert, daß weitere von ihnen ins Gärgefäß gelangen können. Doch das Abziehen von der Maische und das Auspressen des Jungweines ermöglicht den in der Luft vorhandenen Mikroorganismen, das Werk wochen- oder gar monatelanger Arbeit zunichte zu machen.

Wie überall, so ist auch hier Vorbeugen besser als Heilen. Man gibt dem Wein bei jedem Abzug eine Schwefeltablette (1 g) auf 10 l zu – das gängige Verfahren, um die Stabilisierung und Klärung des Weins zu unterstützen – und wird so im allgemeinen zur Gesunderhaltung beitragen. Nur nach dem Maischeabpressen wird nicht geschwefelt.

Selbst dem erfahrenen Hobby-Weinbereiter kann es gelegentlich passieren, daß sein fertiger Wein infiziert wird und zwar durch Kahmhefen, die sich auf der Weinoberfläche vermehren und eine weißgraue Haut bilden. Die Infektion zeigt sich zunächst in Form von weißen Pünktchen auf der Oberfläche des Weins. Später entwickeln sich diese Pünktchen zu einem dünnen Film, der die gesamte Wein-Oberfläche überzieht. Tut man nichts dagegen, wird diese Kahmhefe den Alkohol in Kohlendioxid und Wasser umsetzen. Diese höchst unerwünschte mikrobielle Reaktion kann man durch möglichst kühle Lagerung, durch Schwefeln des Weines, auch Vollhalten des Behälters verhindern bzw. sehr stark einschränken. Dessertweine über 13 Volumenprozent Alkohol sind nicht anfällig für Kahmhefebildung.

Der Essigstich

Der sogenannte »Essigstich«, eine sehr unerwünschte Weinkrankheit, wird meist von Essigbakterien (Acetobacter aceti) hervorgerufen. Es können allerdings auch andere Bakterien oder Wildhefen die Ursache sein.

Die Frucht- oder Taufliege (Drosophila melanogaster), dem Winzer unter dem Namen »Essigfliege« bekannt, überträgt Essigbakterien, mit denen sie sich vor allem auf Faulobst infiziert. Für dieses winzige Insekt haben Moste und Weine wegen ihres Duftes (Aroma) eine große Anziehungskraft.

»Essigstich« bedeutet, daß der Alkohol im Wein, in Essigsäure und Äthylacetat verwandelt wird. Diese Krankheit ist äußerlich nicht sichtbar, doch Essigsäure riecht wie Essig, Äthylacetat wie Birnen-Fallobst. Gegen den sich bildenden Essigstich muß man sofort etwas unternehmen: entweder Erhitzen des Weines auf ca 72 °C (Abtötung der Bakterien) oder eine entkeimende Filtration vornehmen (diese Möglichkeit besteht nur im gewerblichen Betrieb mit entsprechender Einrichtung). Wird diese Krankheit (durch Kratzen im Rachen wahrnehmbar) nicht sofort entdeckt, ist der Wein kaum noch zu retten.

Hat der Wein schon ein starkes Essigaroma, kann man ihn stehen lassen, bis er sich vollständig in Essig verwandelt hat und ihn dann im Haushalt verbrauchen. Schmeckbar sind Essigsäuremengen ab 1 g pro Liter Wein. Geübte Weintrinker schmecken schon 0,5 g/l heraus. Verdorben und für den Genuß ungeeignet sind Weine ab 2 g/l. (Deutsche Traubenweine dürfen maximal 1,1 g/l Essigsäure aufweisen.)

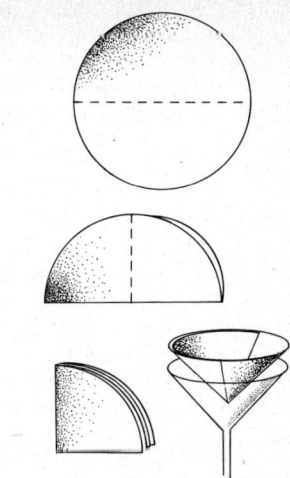

So faltet man einen Papierfilter

Die Weinverstärkung

Ein Wein mit mehr als 18 Volumenprozent Alkohol kann normalerweise allein durch Gärung nicht entstehen. Hier ist das Maximum der Gärung erreicht, denn bei einem höheren Alkoholgehalt gehen die Weinhefen an ihrem eigenen Stoffwechselprodukt, dem Alkohol, ein. Man kann den Alkoholgehalt eines Weines jedoch durch »Aufspriten« erhöhen, d. h. man gibt Sprit (Weingeist) hinzu.

Dieses Verfahren würde aber die Weinherstellung sowohl für den gewerblichen Betrieb als auch für den Hobby-Weinbereiter wesentlich verteuern. Denn der zugesetzte Weingeist ist etwa 6 bis 8 mal teurer als der Weingeist, der von den Hefen aus Zucker gebildet wird. Man sorgt deshalb dafür, daß durch ideale Gärbedingungen ein möglichst hoher Alkoholgehalt entsteht.

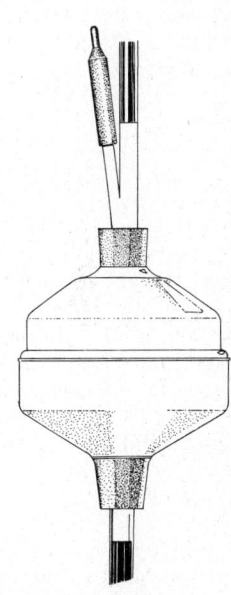

Ein typischer Patentfilter

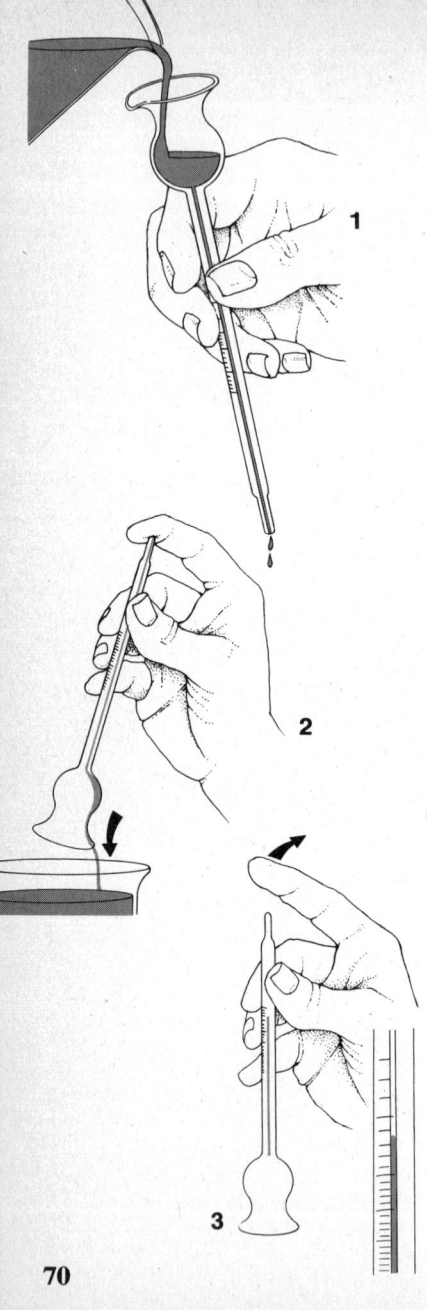

Bestimmung des Alkoholgehaltes

Mit dem Vinometer:
Das Vinometer, ein einfaches Instrument zur Feststellung des Alkoholgehaltes, ist aus Glas und besteht aus einem kelchförmigen Trichter mit auslaufender feiner Kapillare (Haarröhrchen). Man gießt etwas Wein in den Trichter und läßt ein wenig durch die Kapillare fließen. Dann verschließt man das untere Ende mit der Fingerkuppe, dreht das Vinometer um, so daß die Spitze nach oben zeigt und läßt den im Trichter befindlichen Wein restlos auslaufen. Löst man nun die Fingerkuppe vom Ende des Glasrohres, wird der Wein in der Kapillare nach unten fallen und bei einer bestimmten Höhe stehenbleiben. Eine Skala an der Kapillare zeigt den Alkoholgehalt in Volumenprozent; er entspricht der Höhe der Flüssigkeitssäule im Rohr. So einfach die Handhabung des Vinometers ist, sie hat doch einen wesentlichen Nachteil: Die Höhe der Säule in dem Rohr ist abhängig von der Oberflächenspannung des Weines. Diese ist wiederum vom Alkoholgehalt abhängig. Auch andere im Wein gelöste Substanzen, besonders Zucker, beeinflussen die Oberflächen-

So mißt man den Alkoholgehalt mit einem Vinometer:
1. der becherförmige Kelch wird gefüllt
2. der Überschuß wird abgegossen, während man mit dem Finger das Ende der Röhre zuhält
3. Man löst den Finger wieder vom Röhren-Ende und kann nun den Alkoholgehalt ablesen

spannung. Aus diesem Grund kann man das Vinometer nur bedingt bei süßen, also extraktreichen Weinen zur Messung des annähernden Alkoholgehaltes anwenden. Bei leichten, trockenen Weinen wird man jedoch eine ausreichend genaue Angabe erhalten. Andere Alkoholbestimmungsmethoden arbeiten wohl genauer, sie sind jedoch zeit- und kostenaufwendig.

Mit der Mostwaage nach Öchsle:

Am einfachsten läßt sich der Alkoholgehalt des Weins auf der Basis der Mostgewichts-Angaben berechnen. Wird das Mostgewicht vor der Gärung gemessen, läßt sich der voraussichtliche Alkoholgehalt des Weines mit Hilfe der Tabelle auf Seite 113 bestimmen. Der angegebene Wert gilt unter der Voraussetzung, daß sämtlicher Zucker vergoren wird – dies ist nicht immer der Fall. Man erhält ein einigermaßen genaues Ergebnis, wenn man das Mostgewicht während oder nach der Gärung mißt, dieses von dem Ausgangs-Mostgewicht abzieht. Die Differenz ergibt den Alkoholgehalt in Gramm/Liter (g/l). Etwaiger unvergorender Zucker oder andere im Wein gelöste Substanzen verfälschen das Ergebnis nicht, da man die Gewichts-Differenz zugrunde legt.

Hier ein Beispiel zur Berechnung: Das Mostgewicht wird durch die Gärung von ursprünglich 98° auf 4°Öchsle verringert. Der Alkoholgehalt beträgt dann $98 - 4 = 94$ g/l. Da 8 g Alkohol/l 1 Volumenprozent entsprechen, würden 94 g/l einem Volumenprozent von $94 : 8 = 11,8$ Volumenprozent entsprechen.

Diese Berechnung wird schwieriger, wenn dem Most während der Gärung Zucker zugesetzt wird, um so eine unter Umständen günstigere Gärung zu erzielen.

Das Mischungskreuz

Um Wein im richtigen Verhältnis zu mischen, muß man drei Faktoren kennen: den Alkoholgehalt der Spirituose (A), den Alkoholgehalt des Weins (B) und den erwünschten Alkoholgehalt nach der Alkoholverstärkung (C). Man setzt die betreffenden Angaben für A, B und C im Mischungskreuz ein (siehe Zeichnung). Der Buchstabe D im Mischungskreuz steht für die Menge des Branntweines (Spirituose) und ergibt sich aus C minus B. E, das für die Weinmenge steht, errechnet sich aus A minus C.

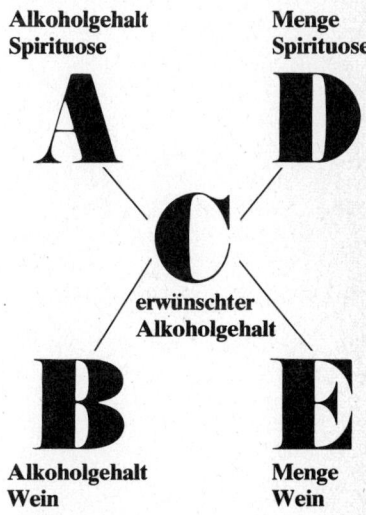

Alkoholgehalt Spirituose — **A**

Menge Spirituose — **D**

C

erwünschter Alkoholgehalt

Alkoholgehalt Wein — **B**

Menge Wein — **E**

Mit Hilfe des Mischungskreuzes berechnet man die Mengen-Verhältnisse, wenn man Wein verstärken will

Ein Rechenexempel: Ein Wein mit einem Alkoholgehalt von 8 Volumenprozent soll mit 96%igem Korn verstärkt werden, um einen Likör von 24 Volumenprozent zu ergeben. Dann müssen zu jeweils 96−24 = 72 Teilen Wein 24−8 = 16 Teile Korn hinzugegeben werden. Oder anders ausgedrückt: Wein und Korn müssen im Verhältnis 72:16 gleich 4,5:1 gemischt werden. Hier sind die Zahlen ins Mischungskreuz eingetragen:

A\   /D
  \ /
   C
  / \
B/   \E

96\   /16
    \ 24 /
8 /   \ 72

Will man einen Wein alkoholreich machen, sollte man ihn schon durch die Gärung so alkoholhaltig wie möglich machen, damit man später keinen Alkohol aus den relativ teuren Spirituosen (Branntwein) zuzusetzen braucht. Man kann jede trinkbare, klare Spirituose verwenden. Besonders eignet sich Wodka oder Korn, weil diese neutral sind und den Geschmack des Weins wenig oder nicht beeinflußen. Der Hobby-Weinbereiter sollte nicht versuchen, Spirituosen selbst zu destillieren (brennen). Zum einen ist das gesetzlich verboten und zum anderen können sich dabei hochgiftige Stoffe bilden, wenn das Verfahren nicht fachmännisch durchgeführt wird.

Das Verschneiden des Weines

Soviel Mühe man sich auch bei der Weinbereitung geben mag: Das Ergebnis wird dennoch hin und wieder unbefriedigend sein. Ist ein Wein von minderer Qualität, weder infiziert (Essigstich, Milchsäurestich), noch mit schlechtem Aroma oder Geschmack (fehlerhaft) behaftet, kann er meist durch Verschneiden mit anderen Weinen verbessert werden.

Durch Probieren sollte man den Wein zunächst einmal sorgfältig begutachten, um herauszufinden, wo seine Schwächen liegen. Kennt man diese, kann man den Wein mit einem oder mehreren anderen Weinen verschneiden, die komplementäre Eigenschaften haben. So kann beispielsweise ein zu säurehaltiger Wein mit einem Wein verschnitten werden, der zu wenig Säure hat oder ein zu süßer Wein mit trockenen Weinen. Mischen Sie versuchsweise erst kleine Mengen (evtl. 1 Liter), bevor Sie den gesamten Wein verschneiden. Verschließen Sie mit frisch verschnittem Wein gefüllte Gefäße nicht sofort, da zunächst möglicherweise noch Kohlendioxid abgegeben wird.

Die »Wein-Kommission« prüft die
Qualität eines Weins

Den Wein zur Reife bringen und abfüllen

Im Vergleich zur vorausgehenden lebhaften Gärung verläuft der dann folgende Reifeprozeß nach außen hin ruhig. Trotzdem gehen während dieser Zeit im Wein höchst komplizierte und einschneidende Veränderungen vor sich, die den noch rauhen, jungen Wein völlig verwandeln. Die erste Reifezeit fällt zeitlich mit der Klärung des Weins zusammen und findet statt, während der Wein noch im Faß oder Ballon lagert. Die späteren Phasen des Reifens kann der Wein in der Flasche durchlaufen.

Das Reifen im Faß

Während des Reifeprozesses verbessert sich die Qualität des Weins erheblich. Für den Anfänger empfiehlt es sich, den Wein während der Gärung mehrmals und nach Beendigung der Gärung häufig zu probieren und das dann alle paar Wochen oder zumindest immer dann zu wiederholen, wenn der Wein wieder abgezogen wurde (s. S. 65). Besonders auffällig verändert sich der Wein in den ersten beiden Wochen nach der Gärung; durch das regelmäßige Probieren wird der Hobby-Weinbereiter erkennen, daß Qualität auch eine Frage der Zeit sein kann.

Wenn auch der exakte chemische Prozeß des Reifens noch immer unbekannt ist, so wissen wir doch, daß Sauerstoff während der ersten Phase eine wichtige Rolle spielen kann. Ein Zuviel an Sauerstoff schadet dem Wein ebenso, und so muß man während der Reifezeit sorgfältig darauf achten, daß der Wein nicht dadurch Schaden nimmt, daß er zu lange der Luft ausgesetzt ist (= im Anbruch liegt).

Holzfässer lassen den Wein schneller reifen, weil durch die porösen Faßdauben Luft in feinster Dosis an den Wein gelangt. Doch dem Hobby-Weinbereiter bringen Fässer mehr Last als Nutzen, da sie nach besonderen Methoden gereinigt und vorbereitet werden müssen, bevor man Weine in ihnen vergären und reifen lassen kann. Ein weiterer Nachteil besteht darin, daß kleine Fässer zuviel Luft an den Wein gelangen lassen, weil bei ihnen das Verhältnis Oberfläche : Inhalt ungünstig ist. Klarer ausgedrückt: In einem kleinen Faß lagert der gesamte Wein dicht am Holz und damit an der Außenluft, während sich bei einem großen Faß nur ein verhältnismäßig kleiner Teil des Weins in der Nähe des Holzes befindet. Für die Praxis bedeutet das, daß Fässer mit einem großen Fassungsvermögen günstiger sind. Doch nur wenige Hobby-Weinbereiter produzieren Wein in solcher Menge, und so wird Wein meist in Fässern gelagert, die für den Zweck, dem sie dienen sollen, zu klein sind. Nimmt man nun also ein kleines Faß, dann sollte man den Wein nur so oft wie unbedingt nötig abziehen, um die Gesamt-Luftzufuhr so gering wie irgend möglich zu halten.

Wegen dieser Schwierigkeiten lassen die meisten Hobby-Weinbereiter ihren Wein in Glasbehältern vergären und reifen und vertrauen darauf, daß

Ein edler Claret lagert in einem Keller in der Nähe von St. Emilion in Frankreich

der Wein die benötigte Sauerstoffmenge während des Abziehens aufnimmt.

Will man das Beste aus einem Wein herausholen, sollte man ihn an einem dunklen Ort reifen lassen. Vor Sonnenlicht muß er auf jeden Fall geschützt werden, da das Licht Reaktionen im Wein auslösen kann, die das Aroma, die Farbe und den Geschmack beeinträchtigen. Sonnenlicht würde außerdem Rosés und Rotweine bleichen.

Generell gilt, daß Weine ein höheres Qualitätsniveau erreichen, wenn man sie langsam reifen läßt. Bei einer niedrigen Temperatur – etwa 8 bis 12 °C – ist das gewährleistet. Über 12 °C ist nachteilig. Auf Flaschen abgefüllt kann und soll ein Wein erst dann werden, wenn er stabil ist: er darf keine Nachgärung mehr zeigen, er muß vollkommen glanzhell sein, er darf sich in der Farbe nicht mehr ändern, andernfalls müßte er nachgeschwefelt werden (1 g Kaliumpyrosulfit auf 10 l Wein) und noch im Behälter liegen bleiben. Den Wein zieht man in saubere, sterile Flaschen ab. Für Weißweine sind grüne oder braune Flaschen empfehlenswert, weil der Inhalt besser geschützt bleibt. Auch für Rotweine nimmt man meist grüne oder braune Flaschen, da Tageslicht der Farbe des Weins abträglich wäre und ihn auch in anderer Hinsicht beeinträchtigen könnte. Fruchtweine kann man teilweise in weiße Flaschen füllen.

Normale, gerade Naturkorken sind der verläßlichste Verschluß für eine Flasche; sie haben allerdings den Nachteil, daß man sie nur einmal ver-

Nachdem der Wein im Gärgefäß eine erste Reifephase durchlaufen hat, wird er auf Flaschen gezogen, um dort weiter zu reifen

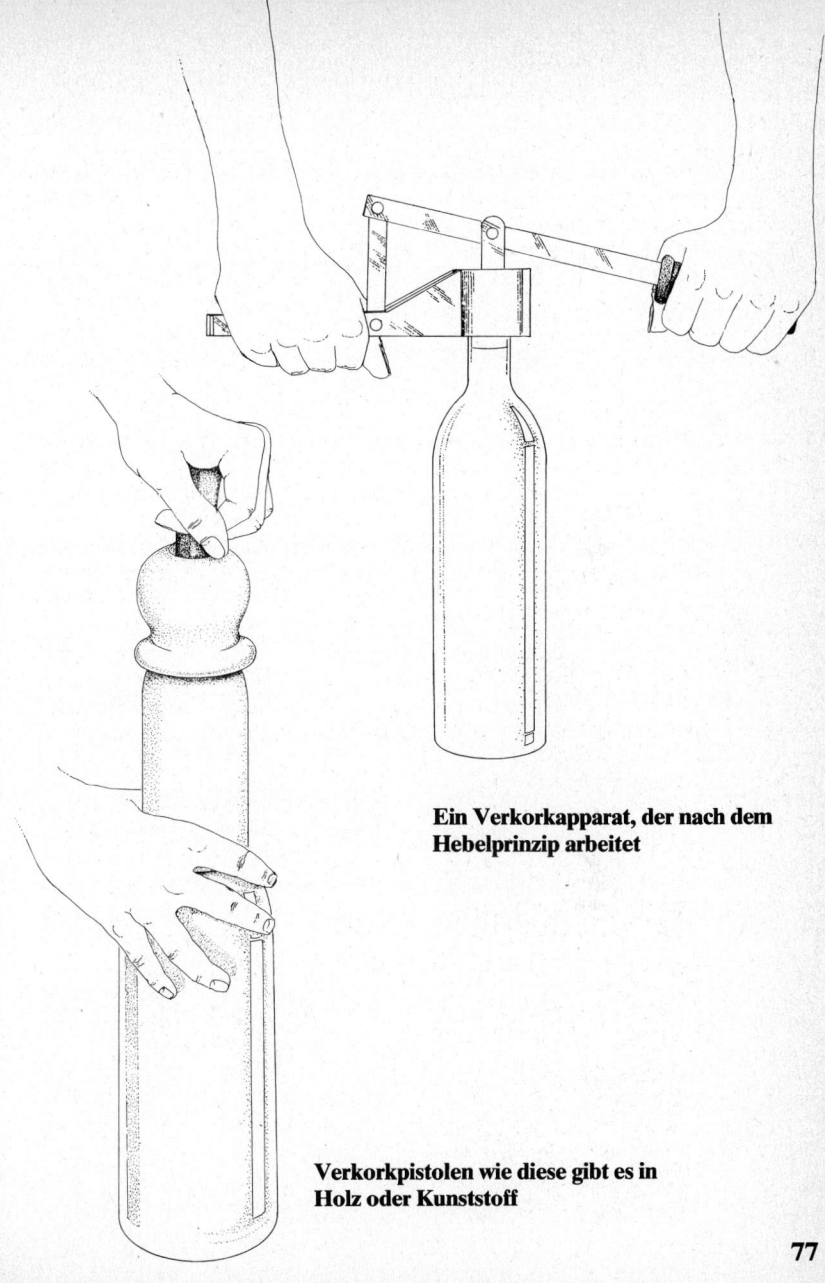

Ein Verkorkapparat, der nach dem Hebelprinzip arbeitet

Verkorkpistolen wie diese gibt es in Holz oder Kunststoff

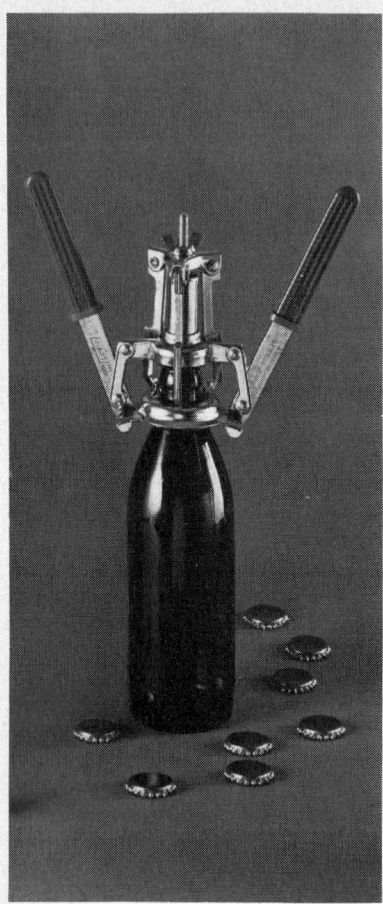

in einer 1 bis 2%igen schwefligen Säurelösung eingeweicht werden (in 1 l Wasser 20 bis 40 g Kaliumpyrosulfit und 2 g Säure), um biegsam und steril zu werden. Spitzkorken kann man mit dem Daumen in die Flaschenmündung hineindrücken, zylindrische Korken werden mit einem Handverkorkapparat hineingedrückt.

Statt Naturkorken tun's auch Kunststoffkorken oder -stöpsel. Sie lassen sich leicht mit der Hand hineindrükken und können wiederholt verwendet werden. Ihr Nachteil: Sie sind nicht so elastisch und daher nicht so anpassungsfähig wie Naturkorken und können für Flaschen, deren Öffnungs-Durchmesser zu sehr von der Norm abweicht, nicht verwendet werden. Bevor man die Kunststoffkorken einsetzt, müssen sie sterilisiert werden; man kann sie zu diesem Zweck ein paar Minuten in heißes Wasser legen.

Die Schaumwein-Abfüllung

Jeder normale, »stille« Wein kann zu Schaumwein (Sekt) verwandelt werden, indem man ihn mit Hilfe der Zweitgärung mit Kohlensäure anreichert. Das läßt sich ganz einfach dadurch erreichen, daß man in der verschlossenen Flasche eine begrenzte Gärung zuläßt. Dieses Verfahren wird im Rezept auf Seite 94 genau beschrieben.

Jeder trockene und nicht zu alkoholreiche Wein kann mittels dieser Methode in einen moussierenden Wein verwandelt werden – vorausgesetzt, er liegt im Alkohol nicht über 10 Volumenprozent, ist nicht krank (Essigstich) und ist nur wenig geschwefelt, damit die Hefe noch arbeiten kann. Die besten Schaumweine werden aus

Mit dem Verschlußapparat werden Kronkorken aufgesetzt

wenden kann. Einen Korken wiederzuverwenden bedeutet, am falschen Ende sparen, da der Wein dadurch infiziert werden kann und die Korken meistens nicht mehr gut abschließen. Korken müssen zuvor einen Tag lang

78

trockenen, leichteren Weinen gewonnen, die aber eine kräftige Säure haben sollen (6 bis 9 g/l Gesamtsäure). Es ist vorteilhaft für die Flaschengärung eine spezielle Sekt-Reinzuchthefe (Champagner) zu verwenden. Sie setzt sich als festes Sediment nach der Gärung ab und intensiviert außerdem das Bukett und den Geschmack des Weins, wenn sie über längere Zeit in der Flasche verbleibt. Die meisten anderen Reinzuchthefearten würden im Wein ein weniger dichtes Depot bilden und somit die Klärung etwas ungünstiger beeinflussen. Es spricht im allgemeinen nichts dagegen, Schaumwein in Sektflaschen mit Schraubverschluß zuzubereiten und das Hefedepot in der Flasche zu belassen. Der Wein kann dann, wenn er serviert werden soll, vorsichtig in eine Karaffe umgefüllt werden, so daß die unschöne Flasche mit dem Hefesatz darin gar nicht auf den Tisch kommt. Doch meist reizt es den Hobby-Weinbereiter doch irgendwann, Schaumwein in geeigneten Flaschen zu bereiten und dann die Hefe zu entfernen, wie das bei der professionellen Champagner-Herstellung geschieht.

Man darf in diesem Fall allerdings nur kräftige, für Sekt bestimmte Flaschen benutzen, da der Druck der sich bildenden Kohlensäure normale Weinflaschen zum Platzen bringen würde. Das Verfahren, die Gärung in Gang zu setzen, ist das gleiche wie zuvor. Doch die Flaschen werden dann mit Kunststoff-Sektkorken (von Hand) oder neuen Sekt-Naturkorken (mit Maschinen) verschlossen, die beide mit Drahtbügeln befestigt werden (auch von Hand möglich). Ist die Flaschengärung und der sich anschlie-

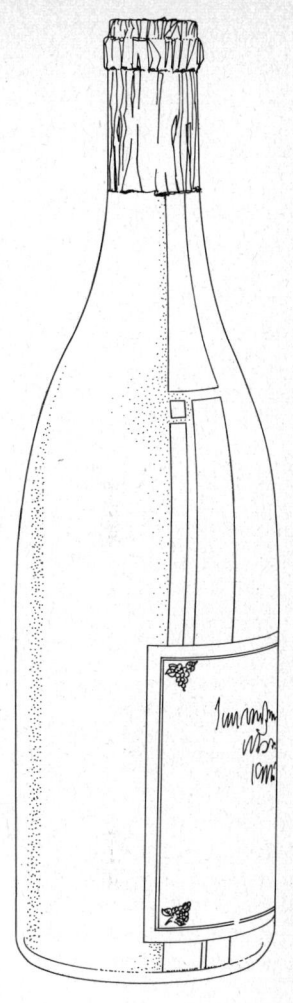

Wenn man den Flaschenhals mit Stanniol verschließt, verschönt man damit das äußere Bild der Flasche und schützt überdies den Kork vor Infektionen

ßende Reifeprozeß, d. h. die Klärung, beendet – was sich über einen Zeitraum von einigen Monaten bis zu einem Jahr und mehr erstrecken kann –, entfernt man die Hefe. Dazu muß man die Flaschen zunächst kopfüber lagern und sie dann jeden Tag ruckartig ein Stück drehen. Mit etwas Glück erreicht man so, daß sich schließlich der gesamte Hefetrub am Korken sammelt. Für dieses Verfahren ist viel Geduld und Geschick erforderlich; es kann mehr als zwei Monate in Anspruch nehmen. Dann werden die Flaschen mit ihrem Kopf nach unten in eine Gefrierlösung getaucht, bis die Hefe und der in unmittelbarer Nähe befindliche Wein zu einem Pfropfen gefriert. (Eine geeignete Gefrierlösung kann man sich aus gleichen Teilen Salz und zerkleinertem Eis bereiten.) Um die Hefe aus der Flasche zu entfernen, trägt man diese zum Spülbecken und hält sie schräg mit dem Korken nach unten – in einem Winkel von etwa 45 °. Entfernt man nun den Korken, wird ein Klumpen gefrorenen Weins, der die Hefe enthält, herausgedrückt. Halten Sie danach schnell die Flaschenöffnung mit dem Daumen zu, damit kein Wein verlorengeht, und stellen Sie die Flasche aufrecht hin. Dann füllen Sie den Leerraum mit einer Zuckerlösung (ca. 30%ig) auf und zwar bis zu einer Höhe von ca. 3 bis 4 cm unterhalb des Mündungsrandes. Da der Wein gekühlt ist, wird während dieses Vorgangs nicht allzuviel Kohlensäure entweichen. Danach verschließen Sie die Flaschen wieder mit einem sauberen, sterilen Korken, verdrahten und lagern sie über mehrere Monate, bevor Sie den Schaumwein trinken.

Die Reifung des Weins in den Flaschen

Absorbiert der Wein, während er in Flaschen abgefüllt wird, zuviel Luft-Sauerstoff, kann das nachteilig sein. Der Wein kann einen sogenannten Oxidationston annehmen. Durch die längere Flaschenlagerung verliert sich dies teilweise wieder (»Füllkrankheit«). Während dieser abschließenden Reifeperiode bewirkt der Ausschluß von Luft bedeutsame bio-chemische Reaktionen, die zuvor, als der Wein noch im Großgebinde lagerte, nicht möglich waren; zu jener Zeit wurde der Wein häufig mit Luft in Berührung gebracht. Durch den jetzigen völligen Luftabschluß in der Flasche kann der Wein in Ruhe und Gelassenheit nachreifen.

Die Zeit, die für die Flaschenreife nötig ist, variiert von Wein zu Wein beträchtlich. Schwache, leichtere Weißweine brauchen möglicherweise nur einige Monate, während ein alkoholreicher und körperreicher Rotwein mehrere Jahre benötigen kann, bis er seinen Höhepunkt in der Genußreife erreicht. Weine, die nur eine kurze Reifezeit brauchen, können schnell wieder an Qualität verlieren, wenn sie zu lange lagern (sie bauen ab).

Die idealen Lagerbedingungen für Flaschenweine sind die gleichen wie für Weine im Großbehälter nach der Gärung: Dunkelheit und kühle Temperatur. Damit die Korken nicht austrocknen, sollte man die Flaschen liegend lagern (bei zylindrischen Naturkorken möglich, nicht aber bei Spitzkorken oder Kunststoffkorken).

Den Wein servieren

Ein an sich hervorragender Wein kann mittelmäßig, ein mittelmäßiger Wein schlecht schmecken, wenn er nicht fachgerecht serviert wird. Es ist sicherlich unsinnig, einen teuren Wein zu kaufen oder viel Zeit darauf zu verwenden, einen selbstgemachten Wein zu höchster Vollendung zu bringen, wenn dann seine besonderen Qualitäten gar nicht gewürdigt werden können. Die ganz leicht zu befolgenden Ratschläge, die in diesem Kapitel erteilt werden, helfen, das Beste aus einem Wein herauszuholen – ganz gleich, um welche Sorte und welche Qualität es sich handelt.

Der Korkenzieher

Ein guter Korkenzieher ist sein Geld wert, und es wäre verkehrt sich mit einem minderwertigeren Exemplar zufriedenzugeben. Das Ende des Korkenziehers sollte spitz sein, um leicht in den Korken eindringen zu können. Der Druck, den man auf einen stumpfen Korkenzieher ausüben muß, preßt den Korken häufig in die Flasche hinein, was das Servieren des Weins zu einer ziemlich komplizierten Angelegenheit macht.

Der Korkenzieher sollte außerdem so beschaffen sein, daß sich der Korken mit seiner Hilfe mit der geringstmöglichen Erschütterung für den Wein herausziehen läßt. Benutzt man einen primitiven Korkenzieher, müssen Kork und Flasche auseinandergezogen werden. Die Folge: In dem Moment, in dem der Korken aus dem Flaschenhals gleitet, geht häufig ein plötzlicher, un-

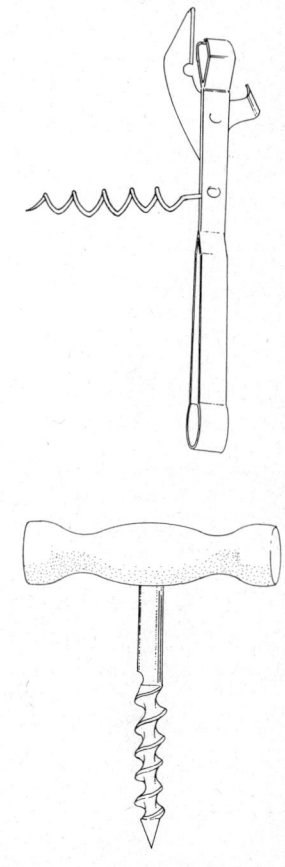

Diese einfachen Korkenzieher sind unzulänglich. Es ist praktisch unmöglich, mit ihnen eine Flasche zu entkorken, ohne diese dabei ruckartig zu bewegen und so ein eventuell vorhandenes Sediment aufzuwirbeln.

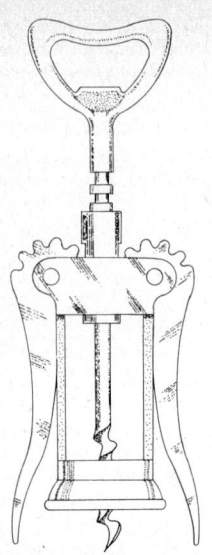

Der Korkenzieher mit Hebel-Mechanik ist eine gute Alternative zu dem Doppelschrauben-Typ

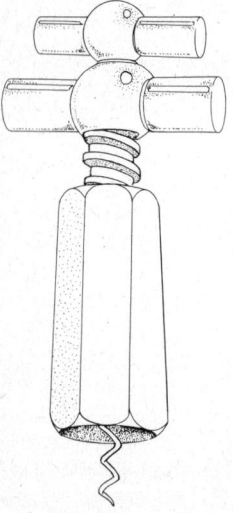

vorhergesehener Ruck durch die Flasche. Dadurch wird das Sediment, das sich möglicherweise (bei sehr dunklen Rotweinen und dunklen Fruchtweinen) in der Flasche abgesetzt hat, aufgewirbelt und so die Klarheit des Weins getrübt. Der beste Korkenzieher ist der mit einem hohlen, zylindrischen Holzkorpus, den man auf den Rand der Flasche aufsetzt. Eine Spirale wird in den Korken hineingedreht und wird dann mit dem Korken wieder herausgezogen, indem man eine zweite Schraube dreht. Nahezu ohne jede Anstrengung kann so der Korken sanft gleitend der Flasche entzogen werden. Ein ebenso guter Korkenzieher ist der metallene Doppelhebel-Typ. Er funktioniert ähnlich wie das zuvor beschriebene Holzmodell – mit dem Unterschied, daß man den Korken dadurch herauszieht, daß man die beiden Hebel herabdrückt. Injektions-Korkenzieher haben eine lange, hohle Nadel, die durch den Korken hindurchgestoßen wird. Üblicherweise wird hier Kohlendioxid aus einer Ampulle eingedrückt und preßt so den Korken heraus. Manchmal kann es passieren, daß zuviel Kohlensäure in die Flasche gepreßt wird und die Flasche platzt. Aus diesem Grund sind Injektions-Korkenzieher nicht zu empfehlen.

Links:
Der Doppelschrauben-Mechanismus dieses Korkenziehers ermöglicht es, den Korken sanft mit einer Hand herauszuziehen. Mit der freien Hand kann man die Flasche so halten, daß sie unbewegt bleibt

Das Dekantieren

Manch ein Wein schmeckt angenehm, wenn man ihn einfach aus der Flasche serviert und aus einem schlichten Wasserglas trinkt. Daher wird auch von vielen das formvollendete Servieren eines Weins für bloße Zeremonie gehalten. Dabei zahlt sich gerade hier ein wenig Sorgfalt sehr aus.

Bei Rotwein ist es manchmal ganz natürlich, daß sich ein Depot (u. a. Weinstein) absetzt. Auch bei Weißweinen geschieht das hin und wieder, wenn auch in geringerem Umfang. Hat sich ein Depot gebildet, sollte die Flasche im Idealfall 24 Stunden lang aufrecht stehen, bevor man sie öffnet. Dann können sich die Trubstoffe auf dem Boden der Flasche absetzen und das Dekantieren so erleichtern. Ist die Zeit knapp, kann man den Wein, dekantieren. Doch wird es dann schwieriger sein, ihn umzufüllen, ohne daß dabei ein wenig vom Depot mit in die Karaffe gelangt.

Nehmen Sie die Flasche behutsam, halten Sie sie waagrecht und drehen Sie sie auf keinen Fall. Legen Sie die Flasche vorsichtig in ein Dekantierkörbchen und lassen Sie sie dort, wenn möglich, für ein, zwei Stunden ruhen, um sicherzustellen, daß sich alle Trubstoffe wieder gesetzt haben. Dann halten Sie die Flasche mit einer Hand im Körbchen fest und entfernen Sie die Kapsel mit einem scharfen, spitzen Messer. Versucht man, die Kapsel einfach abzureißen, kann das dazu führen, daß das Depot aufgewirbelt wird; besonders dann, wenn es sich um eine Kunststoff-Kapsel handelt. Als nächstes entfernen Sie den Korken, wobei Sie die Flasche weiter in ihrer schrägen Lage belassen. Bevor Sie den Wein dekantieren, säubern Sie den Flaschenhals mit einem sauberen, leicht angefeuchteten Tuch. Vergewissern Sie sich, daß das Dekantiergefäß oder die Karaffe vollkommen sauber und geruchlos ist. Während des Dekantierens lassen Sie die Flasche im Körbchen liegen und neigen sie sacht, um den Wein eingießen zu können. Wenn man eine kleine Lichtquelle, beispielsweise eine brennende Kerze unterhalb des Flaschenhalses postiert, kann man besser erkennen, wann sich der Bodensatz der Flaschenöffnung nähert. In diesem Moment beendet man das Dekantieren sofort.

Man dekantiert den Wein nicht nur, damit er frei von Trubstoffen ist, sondern auch noch aus einem weiteren, viel bedeutsameren Grund. Wenn der Wein in das Dekantiergefäß umgefüllt wird, adsorbiert er Sauerstoff. Läßt man Rotwein, bevor man ihn serviert, offen in der Karaffe stehen, werden die Duftstoffe frei und das Bukett und der Geschmack kommen besser zur Geltung.

Trinktemperaturen

Die Güte eines Weins zeigt sich erst dann ganz, wenn er mit der richtigen Temperatur kredenzt wird. Generell gilt, daß Weißweine und Rosés am besten gekühlt (um 10 bis 12 °C) und Rotweine mit Zimmertemperatur (18 bis 20 °C) serviert werden. Einige leichte, junge Rotweine, wie etwa Beaujolais, trinkt man allerdings auch leicht gekühlt.

Die Weingläser

Die Gläser, sollten farblos sein, damit man Farbe und Klarheit des Weins würdigen bzw. beurteilen kann. Die

1. Das Depot hat sich an der Unterseite der Flasche abgesetzt, wenn diese für eine Weile horizontal gelagert war

2. Die Flasche liegt ruhig in einem Dekantierkörbchen, während man sie entkorkt

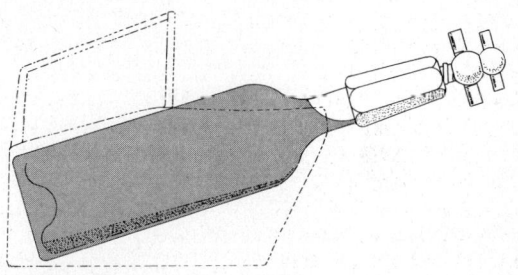

3. Man sollte das Dekantieren dann beenden, wenn das Depot mit in die Karaffe zu gleiten droht

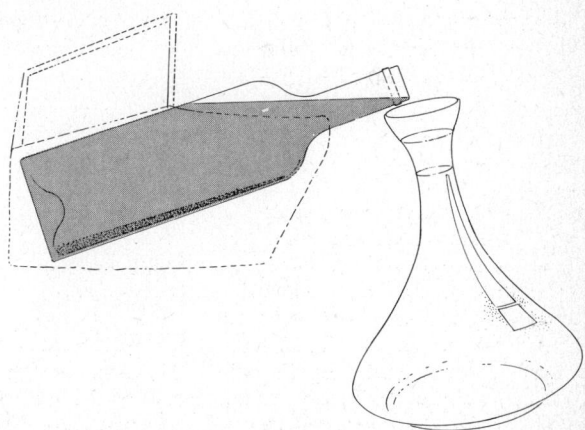

Für selbstgemachte Weine kann man dekorative Etiketten und Stanniol-kappen kaufen

Oberfläche des Weins in einem Glas sollte relativ groß sein, damit möglichst viele der flüchtigen Substanzen, die sein Bukett ausmachen, frei werden können. Soll ein Wein nur beurteilt werden, so füllt man das Glas nur zum Teil voll, damit es geschwenkt werden kann. Dadurch entweichen die Duftstoffe aus dem Wein und können besser »errochen« werden.

Weil Allzweck-Weingläser einen kurzen Stiel haben, wird das Glas oft durch die Handtemperatur erwärmt. Gekühlte Weine serviert man darum besser in Gläsern mit höherem Stiel, damit die Hand das Glas nicht berühren muß.

Die Weinprobe

Um einen Wein zu probieren, muß man die Augen, den Geruchs- und Geschmackssinn benutzen. Erst die Kombination dieser drei Sinneseindrücke ermöglicht es, einen Wein zu beurteilen. Hinweise auf das Alter des Weißweines kann seine Farbe geben; denn ein Wein neigt dazu, mit zunehmendem Alter eine dunklere Färbung anzunehmen.

Das Bukett des Weines sagt am meisten über seine Eigenschaften aus. Es läßt sich am besten wahrnehmen, wenn man eine kleine Menge des Weines im Glas schwenkt und den Duft dann tief durch die Nase einzieht. Um den Geschmack zu beurteilen, spült man ein wenig Wein im Mund hin und her. Dann zieht man zwischen den Zähnen Luft ein und nimmt in diesem Moment gleichzeitig den Geschmack und den Duft des Weines wahr – wobei die Duftstoffe jetzt vom hinteren Teil der Mundhöhle hinauf in die Nasenhöhle gelangen.

Die Weinrezepte

Für Anfänger unter den Hobby-Weinbereitern empfiehlt es sich, mit der Bereitung eines normalen, trockenen weißen Tischweines zu beginnen und wegen der unkomplizierten Vorbereitung und der zuverlässigen Gärung als Ausgangsprodukt entweder Apfelsaft oder Traubensaft zu verwenden. Ein solcher Wein ist nach einigen Wochen schon trinkbar.

Alle Rezepte sollen nur aufzeigen, daß man Weine aus den verschiedensten Produkten bereiten kann; sie wurden soweit wie möglich vereinfacht. Hat man erst ein wenig Übung, kann man die Rezepte nach eigenem Gutdünken abwandeln. In keinem Falle darf jedoch die Zuckermenge von 3 kg auf 10 Liter Weinansatz überschritten werden. Nach Zugabe von 3 kg Zucker müssen aber auch 10 Liter Weinansatz erreicht werden, da ansonsten die Zuckerkonzentration zu hoch wird und die Gärung auch schwächer abläuft, eine wesentlich längere Zeit benötigt und ein höherer Restzuckergehalt im Wein verbleiben kann.

Will man alkoholschwächere Weine, kann man anstelle von 3 kg Zucker auf 10 Liter Weinansatz nur 2 kg Zukker zusetzen (bei entsprechend zukkerreichen Fruchsäften anstelle von 2 kg nur 1 kg Zucker). Mit weniger Zucker hergestellte Weine sind dann Tischweine entsprechend dem Weingesetz. (Dies ist für den eigenen Gebrauch aber nicht maßgebend.)

Alle Weinkategorien haben ihre Vorteile, allerdings auch ihre Nachteile; so sind z. B. alkoholarme Weine sicher bekömmlicher, man kann mehr davon trinken (genießen), sie berauschen nicht so schnell und enthalten weniger Kalorien (Brennwert); dafür sind sie aber anfälliger gegen Fehler und Krankheiten und haben eine geringere Lagerfähigkeit. Entsprechend müssen dann zwangsläufig Dessertweine eher berauschen und den Kalorienhaushalt bei der Ernährung belasten.

Allgemeines

Der Hobbyweinbereiter wird sich bei den nun folgenden Rezepten manchmal fragen, warum das eine oder andere Hilfsmittel notwendig ist bzw. welchen Zweck es erfüllen soll. Auch wird die Frage auftauchen, warum Zucker oder Zuckerwasser zugesetzt werden muß und welche Rolle beide spielen.

Das Antigel

Dies ist ein Enzym, das auf natürlichem Wege gewonnen wird, also kein chemisches Produkt ist. In den natürlichen Fruchtsäften kommt es nur in zu geringer Menge vor, als daß es ausreichen würde, die Pektinstoffe abzubauen. Die Pektinstoffe sind nämlich, grob ausgedrückt, die Kittsubstanz der Fruchtzellen, die notwendig ist, um das Fruchtfleisch zusammenzuhalten. Zwangsläufig wird damit der Fruchsaft umschlossen, so daß er nur schwer abpreßbar ist. Bei einem Teil der Früchte muß deshalb eine Maischegärung vorgenommen werden.

Erwünscht sind diese Pektinstoffe, wenn aus dem Fruchtsaft Sirup, Gelee oder Marmelade hergestellt wird; hier darf dann kein Antigel zugesetzt werden; die Gelierwirkung der in den Früchten enthaltenen Pektinstoffe würde nämlich dadurch aufgehoben werden. Antigel trägt auch zur vorbeugenden Klärung des späteren Weines bei. Fruchtsäfte, die zu Likör verarbeitet werden, müssen ebenfalls mit Antigel behandelt werden.

Das Hefenährsalz

wird zugegeben, um die Reinzuchthefe in ihrem Wachstum, ihrer Vermehrung und Gärtätigkeit zu unterstützen. In jedem Fruchtsaft sind Nährstoffe vorhanden, die aber bei Verdünnung mit Zuckerwasser ebenfalls verdünnt werden und damit nicht ausreichen. Selbst da, wo nur Zucker zugesetzt wird, muß eine Ergänzung dieser Nährstoffe erfolgen; die Reinzuchthefe würde nämlich sonst bei etwa 8 bis 10 Volumenprozent mit der Gärung aufhören.

Das Kaliumpyrosulfit

ist ein Salz der schwefligen Säure und wirkt nur, wenn es einem sauren Medium (in diesem Falle Fruchtsaft, Fruchtmaische oder Wein) zugesetzt wird (als Desinfektions- bzw. Sterilisationsmittel im Wasser muß das Wasser zuvor mit irgendeiner Säure leicht angesäuert werden). Schweflige Säure wirkt keimhemmend, trägt zur reineren Gärung und zur Gesunderhaltung des Getränkes bei und fördert die Klärung nach dem Abstich von der Hefe.

Der Wasserzusatz

richtet sich immer nach der im Saft vorhandenen Säure. Da die Säure aus Geschmacksgründen im Optimum vorliegen soll (6 bis 8 g/l), muß sie vor der Gärung darauf eingestellt werden. In der Mehrzahl der heimischen Früchte liegt die Säure zu hoch; am einfachsten und (kosten-) günstigsten kann sie durch Wasserzusatz verdünnt werden. Hohe Säure bedeutet: hoher Wasserzusatz, geringe Säure bedeutet: geringer Wasserzusatz bzw. kein Wasser. Nur in den Fällen, wenn zuwenig Säure in den Säften (Honig, Hagebutten, Birnen usw.) vorhanden ist, muß Säure in Form von 80%iger Milchsäure zugesetzt werden. Ersatzweise kann auch Zitronensäure verwendet werden. Man geht mit der Aufsäuerung auf etwa 6 bis 7 g/l Säure.

Da bei der Wasserzugabe das Mostgewicht (= Zuckergehalt) ebenfalls verdünnt wird und der natürliche Zuckergehalt in den seltensten Fällen (nur bei Trauben- und Apfelsaft) für den gewünschten Alkoholgehalt ausreicht, muß entsprechend mehr Zucker zugesetzt werden.

Der Zucker

ist nur ein Zwischenprodukt, aus dem der Alkohol durch Gärung entsteht. Als Zucker nimmt man den gewöhnlichen Rübenzucker (Frucht- und Traubenzucker bringen keinen Vorteil). Nach Auflösung in Wasser/Most/Wein nimmt er ein geringeres Volumen ein; 1 kg Zucker = 0,62 l. Deshalb ergeben die einzelnen Anteile zusammen in den Rezepten stets mehr kg als Liter.

Aus Geschmacksgründen soll ein Fruchtwein im trinkfertigen Zustand eine gewisse Restsüße haben; verbleibt nach der Gärung kein Zucker mehr im Wein, da vielleicht zuwenig zugesetzt wurde (bei Tischwein) oder die Gärbedingungen sehr günstig waren (gleichbleibende Temperatur um 20 bis 25 °C, genügend Hefenährstoffe, genügend Trubstoffe usw.), dann kann oder soll nach der Klärung bzw. vor der Flaschenfüllung mit Zucker nachgesüßt werden.

Die Reinzuchthefe
Der Zusatz von Reinzuchthefe, sei es in flüssiger Form oder als Trockenhefe, ist notwendig, weil in der Regel an den Früchten zu wenig gärkräftige Hefezellen (meist Wildhefen) haften. Die Gärung soll nach Zugabe der Reinzuchthefe *spätestens* fünf Tage nach der Zusammenstellung des Gäransatzes beginnen, da sonst auf der Oberfläche die Schimmelsporen auskeimen, größere Inseln bilden und so den Geschmack verderben können. In solchen Fällen muß der Ansatz vor der Gärung nochmals abgezogen werden, damit die Schimmelflecken im Ballon verbleiben, die dann bei der Reinigung mit fortgeschwemmt werden. Es muß notfalls nochmals ein Gärstarter zugesetzt und überprüft werden, ob die Gärbedingungen wirklich optimal sind.
Nach diesen Rezepten entstehen Weine, die für den Privatverbrauch bestimmt sind. Sie unterscheiden sich in der Zusammensetzung gegenüber den Weinen des Handels nur unwesentlich, sie sind vielleicht teilweise sogar besser (gehaltvoller). Handelsweine müssen aber Mindest- bzw. Höchstgrenzen an Inhaltsstoffen (Zucker, Alkohol, Säure, flüchtige Säure) einhalten, die analytisch festgestellt werden. Deshalb kann nicht jeder Wein

ohne weiteres in den Verkehr kommen.

Protokoll führen
Während der Weinbereitung soll man sich ausführliche Notizen machen, um so sicherzustellen, daß nichts vergessen wurde. Auch kann man so mögliche Fehler leichter erkennen und analysieren.

Traubenwein – (aus frischen Trauben)
ca. 10 l

ca. 14 kg Trauben
1 g Kaliumpyrosulfit
10 ml Kitzinger Antigel
2 g Hefenährsalz
Reinzuchthefe

Zur Herstellung von Traubenwein eignen sich am besten die echten Weintrauben (Keltertrauben), weniger die Tafeltrauben, weil diese infolge des hohen Fruchtfleischgehaltes weniger Saft haben, der außerdem in der Regel wesentlich weniger Zucker und Säure aufweist; die Trauben sind deshalb nur scheinbar süß. Sie lassen sich auch schlechter abpressen.

90

Die echten Weintrauben (die wichtigsten weißen Sorten sind: Riesling, Silvaner, Müller-Thurgau, Traminer, Scheurebe, Kerner, Bacchus, Morio-Muskat und Rieslaner) haben einen abpreßbaren Saftanteil von ca. 65 bis 75% und ca. 30% Trester. Gut ausgereifte Trauben haben ein Mostgewicht von etwa 80 °Öchsle und 6 bis 8 g/l Säure (Promill).

Vergleichsweise dazu beträgt der Saftanteil aus Tafeltrauben nur etwa 55 bis 65%. Analog dazu haben gut ausgereifte Tafeltrauben ein Mostgewicht von 60 bis 70 °Öchsle und 3 bis 6 g/l Säure (zuwenig für die Weinbereitung).

Erst ab 80 °Öchsle kann der Saft naturrein vergoren werden (genügend Alkohol), und wie aus obigen Zahlen ersichtlich ist, ist dies nur bei echten Weintrauben möglich. Wird dieser Wert von 80 °Öchsle nicht erreicht, muß eine Verbesserung vorgenommen werden, wobei man das Mostgewicht auf ca. 85 °Öchsle stellt. Für jedes fehlende Grad müssen 2,6 g Zucker pro Liter Saft zugesetzt werden.

Beispiel: ein frisch gepreßter Saft hat 70 °Öchsle, dann kann eine Verbesserung auf 85 °Öchsle vorgenommen werden, wozu pro Liter $15 \times 2,6 = 39$ g Zucker notwendig sind.

Die Säure sollte bei etwa 6 bis 8 g/l liegen; bei höheren Werten muß der Saft entweder mit kohlensaurem Kalk entsäuert oder mit 10 bis 25% Zuckerwasser verdünnt werden. Auf 10 l Saft sind dann 1 bis 2,5 l Zuckerwasser, in dem 0,7 bis 1 kg Zucker gelöst sind, zuzusetzen. Bei zu niedrigen Säurewerten (unter 6 g/l) muß Säure (Zitronen- oder Milchsäure) zugesetzt werden.

Technik der Weinbereitung:

(1) Schimmelige Trauben bzw. Traubenteile aussondern, gesunde und edelfaule Trauben verwenden, die am besten mit Wasser abgespritzt werden.

(2) Trauben mahlen oder quetschen (Stiele müssen bei Weißwein nicht unbedingt entfernt werden), auf 10 Liter Maische 1 g Kaliumpyrosulfit (schwefeln), Tablette zerstoßen, 10 ml Kitzinger Antigeliermittel (fermentieren), 2 g Hefenährsalz zerstoßen, zusetzen und gut durchmischen. Abgedeckt einige Stunden stehen lassen, dann abpressen. Mostgewicht und Säure prüfen!

Evtl. notwendige Verbesserung vornehmen. Saft in sauberen Ballon oder Faß füllen (5 bis 10% Steigraum belassen), eine Kultur Reinzuchthefe zusetzen und Gäraufsatz aufsetzen.

(3) Soll ein Saft mit z. B. 12 g/l Säure mit kohlensaurem Kalk ($CaCO_3$) auf 8 g/l entsäuert werden, dann sind $4 \times 0,7$ g $= 2,8$ g kohlensaurer Kalk pro Liter zuzusetzen.

Im Gegensatz zu den Frucht-Dessertweinen kann der Traubenwein bei niedriger Temperatur (8 bis 12 °C) vergären (Göransatz machen). Die Gärzeit beträgt etwa 1 bis 2 Wochen und der Jungwein muß danach mit aufgefüllt werden, damit keine Luft im Gärbehälter verbleibt. Nach weiteren 2 bis 4 Wochen wird der Jungwein von der Hefe abgelassen und auf 10 l mit 1 g Kaliumpyrosulfit geschwefelt; Behälter wieder vollfüllen, evtl. in kleineren Behälter umfüllen.

Nach dem 2. Abstich, der etwa im März/April erfolgen soll, wird Wein nochmals mit 1 g Kaliumpyrosulfit auf 10 l Flüssigkeit geschwefelt. Nach einigen Wochen Lagerung kann der

Wein auf Flaschen gefüllt werden, sofern er klar ist. Wenn noch eine Trübung vorhanden ist, so kann diese durch eine Schönung mit 1 g Gelatine und 10 ccm Kieselsol 15%ig (auf 10 l) beseitigt werden.

Rote Trauben (die wichtigsten Sorten: Spätburgunder, Frühburgunder, Portugieser und Trollinger) werden entstielt, gemahlen und wie weiße Traubenmaische geschwefelt und fermentiert (Antigeliermittel). Ca. 6 bis 10 Tage im geschlossenen Gefäß als Maische mit Reinzuchthefe angären, täglich einmal umschütteln, damit der inzwischen gebildete Alkohol den roten Farbstoff aus den Beerenschalen löst und der Wein eine rote Farbe erhält. Der frische Saft muß vor der Gärung auf Mostgewicht und Säure untersucht werden, um eine evtl. notwendige Verbesserung im Mostgewicht und der Säure vornehmen zu können. Zweckmäßigerweise geht man mit der Aufzuckerung bei Rotwein auf etwa 90 °Öchsle. Erst nach dem Abpressen gibt man die notwendige Zuckermenge zu und korrigiert den Säuregehalt. Die weitere Behandlung ist die gleiche wie bei Weißwein.

**Traubenwein
(aus Traubensaft-Konzentrat)**
ca. 10 l

*ca. 2,5 l Konzentrat (weiß oder rot) –
ca. 3,3 kg
7,5 l Wasser
4 g Hefenährsalz
Reinzuchthefe*

Der Hobby-Weinbereiter kann sowohl aus frischen Trauben, als auch aus Traubensaft-Konzentrat Wein herstellen. Da Trauben nur im Herbst reifen, wäre die Weinbereitungszeit begrenzt; deshalb kann der Hobby-Weinbereiter zu jeder Jahreszeit auch zu einem Grundstoff greifen, der aus Traubensaft hergestellt ist: dem Traubensaft-Konzentrat. Durch besondere

Verfahren (Erhitzung) wurde dem natürlichen Traubensaft ein großer Teil (etwa 80%) seines Wassers entzogen; so ist also sein Zucker auf die 4–5fache Menge konzentriert (eingedickt) und damit auch alle anderen Extraktstoffe. Bei der Weinbereitung kann dann entsprechend Wasser zugesetzt werden und man erhält wieder »normalen« Traubensaft. Der Vorteil: Das Traubensaft-Konzentrat ist von sich aus wegen des hohen Zuckergehaltes haltbar, der Traubensaft dagegen nicht.

Nach der Ausmischung wird der Weinansatz mit Reinzuchthefe und Hefenährsalz versetzt, in einen Ballon gefüllt, der Güraufsatz aufgesetzt und an einem Ort mit Zimmertemperatur aufgestellt. Da dieser Güransatz keine Trubstoffe, d. h. Fruchtfleischteilchen enthält, ist die Gärung etwas langsamer und es ist vorteilhaft, den Balloninhalt täglich einmal kurz umzuschütteln (kreisend bewegen).

Apfelwein – (aus Äpfeln)
ca. 10 l

14 kg Äpfel
1 g Kaliumpyrosulfit
10 ml Kitzinger Antigel
2 g Hefenährsalz
Reinzuchthefe

In der Regel eignen sich alle Sorten für die Apfelweinbereitung, jedoch wird man meist nur minderes Obst dafür verwenden, z. B. Fallobst, kleine Früchte oder reine Mostobstsorten, angefaultes Obst sollte ausgeschnitten werden. Die Äpfel werden gewaschen und gemahlen (gemaischt), da Dampfentsaftung hier nicht möglich ist. Anschließend wird der Saft sofort ausgepreßt und mit 1 g Kaliumpyrosulfit auf 10 l Flüssigkeit geschwefelt. Den frischen Saft durch ein Sieb oder Perlontuch laufen lassen, damit grobe Trubstoffe (Fruchtfleisch) entfernt werden. Jetzt evtl. Mostgewicht und Säure mit Öchslewaage und Acidometer messen. Das Mostgewicht sollte mindestens 50 °Öchsle betragen, notfalls mit Zucker eine Verbesserung vornehmen, damit genügend Alkohol gebildet wird (ca. 6 bis 7 Volumenprozent).

Apfelmost(-wein) hat unter den Weinen den niedrigsten Alkoholgehalt; er ist aus diesem Grunde am anfälligsten gegen Krankheiten (Kahmbildung, Milchsäurestich). Liegt der natürliche Zuckergehalt wesentlich darunter, dann auf 55 °Öchsle aufzuckern (Beispiel: gemessen 45 °Öchsle, erwünscht sind 55 °Öchsle also 260 g Zucker auf 10 l zusetzen). Die Säure sollte bei 6 bis 9 g/l liegen. Tafeläpfel oder überreife Äpfel liegen oft darunter, deshalb hier Mostmilchsäure zusetzen (Beispiel: gemessen 4,5 g/l Säure, erwünscht sind aber 6,5 g/l Säure also 20 g Säure auf 10 l zusetzen). Liegt die Säure höher als 9 g/l, muß der Saft entsprechend mit Zuckerwasser verdünnt werden.

Stellt man *nach* der Gärung fest, daß der Apfelwein zu sauer und/oder zu alkoholarm ist, dann ist meistens keine Korrektur mehr möglich: der Most ist dann schon klar und die Temperatur im Spätherbst bzw. Winter schon so niedrig, daß keine Umgärung mehr erfolgen kann, es sei denn, man wartet bis zum nächsten Frühjahr.

Der so auf die richtigen Mittelwerte eingestellte Apfelsaft wird nun in den Gärbehälter eingefüllt, etwa 5% Steigraum freilassen, das Hefenährsalz, die Reinzuchthefe und das Antigeliermittel zusetzen und mit dem Gäraufsatz verschließen. Das Entweichen der Kohlensäure im Gäraufsatz laufend beobachten, öfters umschütteln und während der Gärung häufig probieren.

Wenn man nicht aus »Abfall-Obst« einen Wein herstellen will oder muß, sondern gezielt aus guten, gesunden Äpfeln, dann sollte man säurereiche Sorten vorziehen und die Äpfel gut ausreifen lassen. Erst bei guter Ausreife wird der größte Teil der Aromastoffe gebildet. Eine lange Lagerung des Obstes ist nicht anzustreben, da damit Nachteile verbunden sind wie Gewichtsverlust, Zucker- und Säureabbau und eine schlechtere Preßbarkeit.

Es ist dafür zu sorgen, daß die Gärung möglichst bald einsetzt (innerhalb von 2 bis 4 Tagen – notfalls Gärstarter machen.)

Nach der Gärung ist der Apfelwein von der Hefe abzuziehen und zu schwefeln (1 g Kaliumpyrosulfit/ 10 l). Das Gefäß vollfüllen und kühl lagern. Ist der Wein klar, kann er auf Flaschen abgefüllt werden, jedoch bleibt der Apfelwein in den meisten Fällen in größeren Lagerbehältern liegen (Ballon oder Faß) und wird von hier aus getrunken. Dann sollte aber der Gäraufsatz als Selbstschwefler verwendet werden, um unnötige Luftzufuhr zu vermeiden. Beim Ballon wird mit dem Weinheber entnommen, beim Faß (Holz- oder Kunststoffbehälter) mit einem Hähnchen.

Apfelwein – (aus Apfelsaft-Konzentrat) ca. 10 l

ca. 2,0 l Konzentrat = ca. 2,6 kg
8 l Wasser
4 g Hefenährsalz
Reinzuchthefe

Bei der Weinbereitung aus Konzentrat erspart man sich das Maischen und das Abpressen der Äpfel und kann so dieses Getränk das ganze Jahr über herstellen. Alle anderen Arbeitsvorgänge sind die gleichen wie bei der Bereitung von Apfelwein aus Äpfeln.

Apfelschaumwein: Er ist verhältnismäßig leicht herzustellen, da infolge des niederen Alkoholgehaltes die Flaschengärung (Zweitgärung) gut und sicher abläuft. Die Vergärung muß in Sektflaschen erfolgen. Pro Liter Wein gibt man etwa 30 bis 50 g Zucker und für die gesamte Menge im Ballon eine Reinzuchthefe zu und füllt anschließend in Flaschen ab. Man verschließt mit Sektkorken und Metallbügel und läßt in einem wärmeren Raum angären. Später kühlstellen.

Apfelcider
ca. 10 l

ca. 9 l Apfelsaft (frisch gepreßt oder
rückverdünnt aus Konzentrat)
ca. 1,5 kg Zucker (bis 2 kg bei zucker-
armen Äpfeln)
4 g Hefenährsalz
Reinzuchthefe

Der Apfelsaft wird hier stärker aufgezuckert und zwar auf etwa 120 bis
130 °Öchsle. Die Zugabe von Hefenährsalz ist besonders wichtig. Die
Gärtemperatur muß höher liegen,
nämlich zwischen 20 ° und 24 °C. Es
wird ein Alkoholgehalt von über 13
Volumenprozent angestrebt, so daß
mit einer Gärzeit von u. U. einigen
Monaten gerechnet werden muß.
Häufig umschütteln, damit die Gärung
immer wieder angeregt wird.

Sollte durch die günstige Vergärung
kein Restzucker mehr im Wein verbleiben, muß vor der Flaschenfüllung
bzw. nach dem Abziehen vom Trub
aus Geschmacksgründen eine Nachsüßung mit etwa 20 bis 50 g Zucker pro
Liter erfolgen. Klären sich Apfelweine
nicht von selbst, kann eine Schönung
mit 1 bis 2 g Gelatine und 10 ml Kieselsol (15%ig) zum gewünschten Erfolg führen.

Der Säuregehalt des Ausgangsmostes
sollte nicht unter 8 g/l liegen, weil
durch die naturbedingte lange Gärzeit
mit einem unerwünschten Säureabbau
gerechnet werden muß: Die Gärtemperatur bei Dessertweinen muß möglichst gleichbleibend bei etwa 20 °C
liegen, und in diesem Temperaturbereich können die Bakterien, die den
Säureabbau vornehmen, leichter arbeiten als im niederen Temperaturbereich (um 10 °C).

Birnenwein

ca. 10 l

ca. 14 kg Birnen
1 g Kaliumpyrosulfit
10 ml Kitzinger Antigel
2 g Hefenährsalz
Reinzuchthefe

Im Gegensatz zu den Äpfeln eignen sich nicht alle Sorten gleich gut für die Weinbereitung, da die Zusammensetzung der Inhaltsstoffe erheblichen Schwankungen unterliegt. In der Regel ist der Säuregehalt zu niedrig, so daß beinahe immer eine Säurekorrektur (Aufsäuerung auf ca. 6 bis 7 g/l) vorgenommen werden muß. Es gibt sehr gerbstoffhaltige Birnensorten, die wohl als Saft noch relativ gut schmekken, nicht jedoch als Wein. Diese stark gerbstoffhaltigen Birnenweine müßte man im vergorenen Zustand dann mit hohen Gelatine-Gaben (bis ca. 30 g/100 l) behandeln, um diesen unerwünschten Bestandteil auszufällen.

In Mischung mit Äpfeln ergeben sie einen guten Obstwein, der auch genügend Aroma besitzt.

Die Früchte werden genauso gemaischt (gemahlen) wie Äpfel und werden dann nach Einwirkung von Antigel abgepreßt. Auch hier ist es vorteilhaft, wenn man die Säure und das Mostgewicht untersucht und notwendige Korrekturen vornimmt, d. h. die Säure auf 6 bis 8 g/l einstellt und das Mostgewicht, falls es zu niedrig ist, auf 55 °Oechsle erhöht. Die Berechnung ist aus dem Apfelweinrezept ersichtlich.

Sobald die Gärung vorbei ist, ist bei Birnenweinen der sofortige Abstich von der Hefe und eine möglichst kühle Lagerung notwendig. Der Zusatz von 1 g Kaliumpyrosulfit auf 10 l vergorenen Most ist unumgänglich. Falls man erst nach der Vergärung merkt, daß der Birnenmost zu säurearm ist (unter 5 g/l), ist unverzüglich eine Säureerhöhung mit Milchsäure vorzunehmen. Die Haltbarkeit wird sehr stark von der Säure des Mostes beeinflußt.

Johannisbeerwein rot und weiß

ca. 10 l Tischwein

ca. 4 kg Beeren (ergeben ca. 3 l Saft)
6 l Wasser
2 kg Zucker
4 g Hefenährsalz
Reinzuchthefe
10 ml Kitzinger Antigel

Nach dem Waschen werden die Johannisbeeren gemaischt (d. h. zerdrückt), damit die Beeren aufgerissen werden und der Saft nach außen dringen kann. Anschließend wird Antigel zugegeben und gut durchgerührt. Die Maische wird etwa 10 Stunden stehen gelassen, damit das zugesetzte Enzym das Pektin der Früchte abbauen kann. Dann wird abgepreßt, der Saft mit der inzwischen bereiteten Zucker-Wasser-Lösung (nicht über 28 °C) vermischt, das Hefenährsalz zugegeben und die Reinzuchthefe und der ganze Ansatz in einen vorher gut gereinigten Ballon gefüllt. Dieser wird mit einem Gäraufsatz verschlossen und an einem warmen Ort aufgestellt.

Nach diesem vorgenannten Rezept entsteht ein Tischwein mit einem Alkoholgehalt von etwa 10 bis 11 Volumenprozent.

Will man einen stärkeren Wein bereiten mit einem Alkoholgehalt von über

13 Volumenprozent, also einen Dessertwein, dann muß man das Rezept abwandeln und nur etwa 5,5 l Wasser und 3 kg Zucker zusetzen. Der Zucker kann heiß im Wasser aufgelöst werden, muß dann aber wieder erkalten, bevor die Mischung mit Saft, Nährsalz und Reinzuchthefe erfolgt.

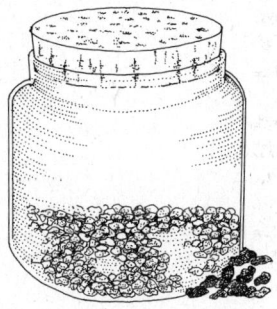

Johannisbeerwein schwarz

Aus diesen Früchten wird in der Regel nur Dessertwein hergestellt, der einen hohen Alkoholgehalt und noch eine größere Restsüße im Wein haben soll. ca. 10 l

ca. 4 kg Beeren (ergeben ca. 3 l Saft)
20 ml Kitzinger Antigel
5,5 l Wasser
3 kg Zucker
4 g Hefenährsalz
Reinzuchthefe

Die Schwarzen Johannisbeeren sind Früchte, die sich mit am schwersten verarbeiten lassen, da sie einen sehr hohen Gehalt an Pektinstoffen enthalten. Außerdem sind die Farbstoffe überwiegend in den Beerenschalen enthalten, so daß eine direkte Abpressung nicht nur eine geringe Ausbeute an Saft, sondern auch an Farbstoffen ergeben würde.

Die Beeren werden zunächst gewaschen, zerdrückt, auf etwa 55 °C (nicht höher!) erhitzt, dann einen Teil des Wassers und Antigel zugegeben. Kräftig durchmischen und abgedeckt etwa 10 Stunden stehenlassen. Nach dieser Zeit kann man einen großen Teil des gewässerten Saftes abpressen, den Zucker und das Hefenährsalz darin auflösen und in den Ballon einfüllen. Die noch nicht restlos ausgepreßte Maische wird nun gelockert und mit dem restlichen Wasser, das man am besten ebenfalls wieder auf etwa 50 °C erwärmt, versetzt. Man läßt wiederum einige Stunden ziehen und preßt dann nochmals ab, so daß man nicht nur eine gute Saftausbeute, sondern auch eine höchstmögliche Extraktion an Farbstoff erhält. Die Reinzuchthefe gibt man zu, wenn die Temperatur des Weinansatzes nicht höher als 25 °C liegt und vergärt unter Gäraufsatz. Der fertige Wein wird etwas mehr Säure aufweisen als der Rote Johannisbeerwein, deshalb muß er, sobald die Gärung beendet ist, etwas stärker mit Zucker nachgesüßt werden.

Die Johannisbeerweine klären sich aufgrund ihrer Zusammensetzung meist von alleine, so daß in der Regel keine Schönung erforderlich ist.

Nach der Gärung wird der Wein von der Hefe abgezogen, kühl gestellt und mit 1 g Kaliumpyrosulfit/10 l Flüssigkeit geschwefelt. Die Schwefelung bewirkt, daß die Farbstoffe erhalten bleiben, daß der Wein nicht braun ist und schützt den Wein vor Krankheiten wie Säureabbau usw.

Erdbeerwein

ca. 10 l

ca. 6 kg Früchte (ergeben ca. 5 l Saft)
3,5 l Wasser
3 kg Zucker
10 ml Kitzinger Antigel
4 g Hefenährsalz
1 g Kaliumpyrosulfit
Reinzuchthefe

Vollreife Erdbeeren ergeben einen ungewöhnlichen gehaltvollen Dessertwein, der an die Spitze aller Fruchtdessertweine zu stellen ist.

Die Früchte werden gewaschen (abgespritzt) und die Stiele und Kelchblätter entfernt. Anschließend werden sie zerdrückt (gemaischt), mit 1 g Kaliumpyrosulfit (Tablette vorher zerstoßen) versetzt, die 10 ml Antigel zusetzen, den Zucker im Wasser auflösen und das Ganze vermischen. Dann wird das Hefenährsalz und die Reinzuchthefe zugegeben.

Diesen Maischeansatz füllt man in einen ausreichend großen Behälter (diese Mischung ergibt etwa 11 bis 12 l Masse), so daß genügend Steigraum verbleibt. In der Regel rechnet man einen zusätzlichen Steigraum von etwa 50%, so daß also der Ballon schon etwa 20 l groß sein sollte. Da die Erdbeeren meistens nicht genügend Säure aufweisen, sind für diese Menge noch etwa 30 g 80%ige Milchsäure zuzusetzen. Die Schwefeltablette wird deswegen zugegeben, da diese Früchte in der Nähe des Bodens wachsen und trotz Abspritzen mit Wasser vor der Vermaischung mehr Erdteilchen und andere Mikroorganismen enthalten als Früchte, die von höheren Sträuchern oder Bäumen stammen.

Die Maische, wie bei Saftgärungen, unter Gäraufsatz etwa 2 Wochen gären lassen; während dieser Gärphase werden die Pektinstoffe einmal durch den gebildeten Alkohol und zum anderen durch das zugesetzte Enzym Antigel abgebaut, so daß jetzt diese Maische aus dem Ballon herausgenommen und abgepreßt werden kann. Hat man keine geeignete Presse, kann man diese gesamte Maische durch ein Säckchen oder ein anderes Leinentuch laufenlassen und relativ leicht den restlichen Fruchtbrei mit der Hand ausdrücken. Die Flüssigkeit wird wieder in den Ballon zurückgegeben, wo sie weitergären muß.

Da die Erdbeerzeit in die heißesten Monate des Jahres fällt (Juni-Juli), sind die Gärbedingungen äußerst günstig und aus diesem Grund ist die Gärzeit kürzer (nur 1 bis 2 Monate). Nach dieser Zeit wird also der Wein von der abgesetzten Hefe und dem restlichen Fruchtfleisch abgezogen, auf 10 l mit 1 g Kaliumpyrosulfit geschwefelt und möglichst kühl gestellt.

Sollte die Geschmacksprobe ergeben, daß der Wein zu herb ist, also zu einseitig, müßte eine Nachsüßung mit Zucker vorgenommen werden und zwar in einer Menge von 20 bis 50 g pro Liter, je nach persönlichem Geschmacksempfinden, wobei der Zucker einfach im Wein kalt aufgelöst wird. Erst nach vollkommener Klärung, evtl. im darauffolgenden Winter, kann der Wein auf Flaschen umgefüllt werden.

Brombeerwein
ca. 10 l

ca. 7 kg Beeren (ergeben ca. 5 l Saft)
3,5 l Wasser
3 kg Zucker
4 g Hefenährsalz
10 ml Kitzinger Antigel
Reinzuchthefe

Hier wird am besten eine Maischegärung durchgeführt, so daß die Früchte zunächst gequetscht werden, Antigel hinzufügen, gut durchrühren, anschließend den Zucker im Wasser auflösen, bei maximal 25 °C mit den gequetschten Früchten vermischen und das Hefenährsalz und die Reinzuchthefe zusetzen. Danach diese Maische in einen Ballon füllen und einen Gäraufsatz aufsetzen. Bei einer möglichst gleichmäßigen Temperatur um etwa 20 °C etwa eine Woche gären lassen. Es wird abgepreßt und die Flüssigkeit allein im Ballon weitervergoren.
Sobald die Gärung fertig ist, wird der Wein kühl gestellt, bald darauf von der Hefe abgezogen und auf 10 l mit 1 g Kaliumpyrosulfit geschwefelt. Falls der Wein klar ist, kann er, je nach Geschmack, nachgesüßt und gegebenenfalls auf Flaschen gefüllt werden.

Sauerkirschwein
ca. 10 l

ca. 6 bis 7 kg Sauerkirschen (ergeben ca. 5 l Saft)
3,5 l Wasser
3 kg Zucker
4 g Hefenährsalz
10 ml Kitzinger Antigel
Reinzuchthefe

Die Sauerkirschen werden zunächst gewaschen, entstielt, aber nicht entsteint. Anschließend werden sie zerdrückt (gemaischt), die Kerne dabei möglichst nicht beschädigen. Dann gibt man das Antigel zu und rührt gut ein. Den Zucker löst man im Wasser auf und vermischt nach Abkühlung (unter 25 °C) mit den zerquetschten Früchten. Man gibt noch Hefenährsalz und die Reinzuchthefe zu und füllt in einen Ballon ein. Man setzt den Gäraufsatz auf und läßt an einem warmen Ort etwa eine Woche angären, preßt ab und läßt den Saft allein im selben Ballon weitergären. Auch hier muß man einen genügend großen Ballon verwenden, damit Steigraum vorhanden ist.
Ist die Gärung zu Ende, wird der Wein kühl gestellt, abgezogen und geschwefelt. Er kann notfalls nachgesüßt werden, falls die Geschmacksprobe dies ratsam erscheinen läßt und später auf Flaschen abgezogen werden.

Heidelbeerwein
ca. 10 l

7 kg Beeren (ergeben ca. 5 l Saft)
3 kg Zucker
3,5 l Wasser
10 ml Antigel
4 g Hefenährsalz
20 g Milchsäure 80%ig
Reinzuchthefe

Die Beeren werden gewaschen oder abgespritzt, die Blätter und Stiele entfernt und die Beeren dann zerstampft (gemaischt). Nun gibt man die 10 ml Antigel zu, rührt gut ein, löst den Zucker im Wasser auf und vermengt mit der Maische; Hefenährsalz, Milchsäure und Reinzuchthefe zugeben und in den Gärballon füllen, wo eine etwa 1wöchige Maische-Gärung unter Gäraufsatz durchgeführt wird.

Nach dieser Zeit wird die Maische herausgenommen, abgepreßt und der Saft für sich allein im Ballon weitervergoren. Sobald die Gärung beendet ist, wird der Ballon kühl gestellt, der Wein abgezogen und auf 10 l 1 g Kaliumpyrosulfit zugesetzt. Der Wein beginnt sich nun zu klären und kann, sofern er geschmacklich zusagt und klar ist, auf Flaschen abgefüllt werden. Ist der Wein zu herb, muß etwas Zucker zugesetzt werden, da trockene Heidelbeerweine nicht schmecken. Es ist zu vermeiden, daß das Gärgefäß nach der Gärung im Anbruch liegt, d. h. daß Luft Zutritt hat, weil dadurch die sehr labilen Farbstoffe der Heidelbeeren oxidiert werden und ins bräunliche übergehen. Auch der Geschmack und das Bukett werden nachteilig verändert.

Stachelbeerwein
ca. 10 l

7 kg Beeren (ergeben ca. 5 l Saft)
3 kg Zucker
3,5 l Wasser
15 ml Antigel
4 g Hefenährsalz
Reinzuchthefe

Die Beeren werden, wenn möglich, von den Stielen befreit, gewaschen und gemaischt (zerquetscht). Man löst den Zucker in der gesamten Wassermenge heiß auf und gibt diese Zuckerlösung zu den gemaischten Früchten. Bei etwa 50 °C gibt man das Antigel zu, rührt gut ein und läßt auf etwa Zimmertemperatur erkalten. Man gibt das Hefenährsalz und die Reinzuchthefe zu, füllt dieses in den Ballon und vergärt etwa 1 Woche unter Gäraufsatz. Nach dieser Zeit wird abgepreßt und der Saft für sich allein im Ballon weitervergoren.

Die Maischegärung wird nicht wegen der Farbe durchgeführt, sondern damit der Saft leichter abgepreßt werden kann. Wird die Maischegärung über eine Woche ausgedehnt, kann ein sogenannter Grasgeschmack entstehen. Es ist besonders wichtig, daß der Wein nach der Gärung sofort kalt gestellt wird. Er muß von der Hefe abgezogen und geschwefelt werden und zwar wiederum mit 1 g Kaliumpyrosulfit auf 10 l. Wird der Wein später nicht auf Flaschen gefüllt (wenn er von sich aus klar wird, kann dies entfallen), dann muß die Schwefelung mit 1 g Kaliumpyrosulfit auf 10 l nach etwa 3 Monaten wiederholt werden. Stachelbeerweine neigen zu Säureabbau und bekommen so den bekannten Mäuselton.

Rhabarberwein
ca. 10 l

ca. 6 bis 7 kg Rhabarberstengel (er-
geben ca. 4 bis 5 l Saft)
3 kg Zucker
4 l Wasser
4 g Hefenährsalz
20 g kohlensaurer Kalk
30 g Milchsäure 80%ig
Reinzuchthefe

Die Stengel (ohne Blatt) werden in
kleine, ca. 2 cm lange Stücke geschnitten und mit einer Mühle oder anderen
Vorrichtungen gequetscht; dann wird
mit heißem Wasser überbrüht, das
nicht weggeschüttet, sondern gemäß
Rezept zum Auflösen des Zuckers benutzt wird. Die überbrühten Stücke
werden danach abgepreßt.
Der kohlensaure Kalk wird sofort in
diesen Preßsaft gegeben und fällt
schon nach wenigen Stunden als oxal-
saurer Kalk in Form eines weißen Bo-
densatzes wieder aus. Der Saft wird
ohne diesen Bodensatz (Salz der
Oxalsäure) in das Gärgefäß gegeben,
die Hefekultur, Milchsäure und das
zerstoßene Hefenährsalz zugemischt.
Die Zucker-Wasser-Lösung ist getrennt herzustellen und wird nach dem
Erkalten auf Zimmertemperatur
ebenfalls beigemischt. Das Übrige geschieht nach der allgemeinen Anlei-
tung.

Hagebuttenwein
ca. 10 l

3 kg frische Hagebutten
8,5 l Wasser
3 kg Zucker
40 g Milchsäure 80%ig oder
30 g Zitronensäure
4 g Hefenährsalz
10 ml Antigel
Reinzuchthefe

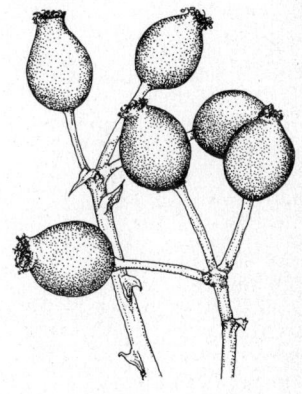

Stiele und Kelche der Hagebutten
werden entfernt, die Früchte gewaschen und anschließend grob zerkleinert. Der Zucker wird im Wasser heiß
aufgelöst und in diesem Zustand den
Früchten zugesetzt. Nun läßt man auf
etwa Zimmertemperatur abkühlen
und gibt das Hefenährsalz, das Antigel, die Säure und die Reinzuchthefe
zu, mischt gut durch und gibt das ganze in den Gärballon, der dann mit einem Gäraufsatz verschlossen wird.
Bei Zimmertemperatur wird dann
1 bis 2 Wochen vergoren und dann die
Maische abgepreßt und der Saft für
sich allein wieder im Ballon weiterver-

goren. Der Wein muß während der Gärung täglich umgeschwenkt bzw. umgeschüttelt werden, da Hagebuttenweine in der Regel schwächer gären. Hier fehlt der natürliche Fruchtsaft, da der gesamte flüssige Anteil aus zugesetztem Wasser und Zucker besteht.

Sobald die Gärung beendet ist, muß der Wein kühl gestellt, von den Trubstoffen abgezogen und auf 10 l mit 1 g Kaliumpyrosulfit geschwefelt werden. Meist klären sich Hagebuttenweine nicht vollständig; mit Agar-Agar jedoch kann man den Klärvorgang unterstützen, wobei 0,5 bis 1 g auf 10 l von diesem Mittel ausreicht. Ein zu herber Wein kann durch Nachsüßung (20 bis 50 g Zucker pro Liter) geschmacklich harmonisch gemacht werden.

Eine Schwefelung im ausgebauten Zustand ist nicht mehr notwendig, da bei diesem Wein eine Oxidation (Bräunung) sogar von Vorteil ist (Sherrysierung).

Holunderbeerwein
ca. 10 l

5 kg Beeren (ergeben ca. 3,5 l Saft)
3 kg Zucker
5 l Wasser
30 g Milchsäure 80%ig
4 g Hefenährsalz
Reinzuchthefe
10 ml Antigel

Wie bereits erwähnt, sollen nur die vollausgereiften, schwarzen Beeren ohne Stiele verwendet werden.

Die Beeren werden am besten mit der Zuckerwasserlösung gemischt und auf über 80 °C erhitzt. Bei Abkühlung auf etwa 50 °C gibt man das Antigel zu,

rührt gut um und läßt dies etwa weitere 5 bis 10 Stunden einwirken. Dann setzt man das Hefenährsalz, die Milchsäure und die Reinzuchthefe zu, füllt diese Fruchtmaische in einen Ballon und vergärt etwa 1 Woche unter Gäraufsatz. Nach dieser Zeit preßt man ab und vergärt den Saft für sich allein im Ballon weiter. Nach Vergärung stellt man den Wein kühl, zieht ihn von der Hefe ab und schwefelt ihn mit 1 g Kaliumpyrosulfit auf 10 l. Falls der Zucker restlos vergoren ist, muß aus Geschmacksgründen nachgesüßt werden mit etwa 30 bis 50 g Zucker pro l, wobei der Zucker im Wein einfach kalt aufzulösen ist. Nach vollkommener Klarheit kann der Wein auf Flaschen abgefüllt werden.

Schlehenwein

ca. 10 l

ca. 5 bis 6 kg Schlehen (ergeben ca.
2 bis 3 l Saft)
6 l Wasser
3 kg Zucker
5 g Hefenährsalz
20 ml Antigel
Reinzuchthefe

Der Schlehenwein ist ein sehr beliebter Wein, da er bei sachgemäßem Ausbau wie ein guter Rotwein schmecken kann.

Die Schlehen weisen sehr unterschiedliche Zusammensetzungen auf, auch im Hinblick auf den Saftgehalt, so daß die Angaben nur als Durchschnittswerte dienen können. Auf jeden Fall muß nach dem Abpressen durch evtl. Wasserzugabe die Weinmenge auf 10 l eingestellt werden.

Die Schlehen werden zunächst gewaschen und zerdrückt bzw. zerstampft, soweit dies überhaupt möglich ist, damit die Inhaltsstoffe während der Gärung besser ausgelaugt werden können, jedoch nur so weit, daß möglichst wenig oder keine Steine zerkleinert werden. Je nach Geschmacksempfinden können dann einige Gewürznelken oder etwas zerkleinerte Zimtstangen zugegeben werden. In der Regel stellt man aus Schlehen nur einen Dessertwein her, da Fruchtweine, die keinen Restzucker aufweisen, also Tischweine, geschmacklich völlig unharmonisch sind und kaum getrunken werden.

In heißem Wasser wird zunächst der Zucker gelöst, dann läßt man diese Zuckerlösung abkühlen und gibt Hefenährsalz, Reinzuchthefe und das Antigeliermittel zu. Daraufhin vermischt man den Fruchtbrei mit dem Zuckerwasser und füllt das Ganze durch einen Trichter in einen größeren Ballon ein, damit etwa 50% Steigraum verbleibt. Während der Gärzeit ist der Balloninhalt täglich umzuschwenken, damit Flüssigkeit und Fruchtfleisch gut gemischt werden.

Diese Maischegärung dauert etwa 2 Wochen. Während dieser Zeit wird der größte Teil des vorhandenen Zuckers in Alkohol umgesetzt. Im Verlauf der gesamten Gärdauer muß der Ballon mit einem Gäraufsatz verschlossen bleiben.

Nach dem Abpressen wird die Flüssigkeit gemessen, die 10 l ergeben muß. Wird dies nicht erreicht, muß mit Wasser aufgefüllt werden. Die Flüssigkeit wird für sich allein weitervergoren, bis der Gärprozeß zum Stillstand kommt. Im Anschluß daran wird abgezogen, kühl gestellt und mit 1 g Kaliumpyrosulfit auf 10 l geschwefelt. Ist der Geschmack vom Gerbstoff nicht zu stark geprägt, dann kann man ihn so belassen, notfalls mit etwas Zucker als Geschmacksausgleich nachsüßen. Ist der Gerbstoffgehalt zu intensiv, kann eine Schönung mit etwa 1 bis 3 g Gelatine und 10 bis 20 ccm Kieselsol, 15%ig, berechnet auf 10 l, durchgeführt werden.

Es wird allgemein empfohlen, die Schlehen so lange am Strauch zu belassen, bis schon ein Frost eingewirkt hat. Durch diese Temperaturerniedrigung wird ein Teil des Gerbstoffes in den Früchten abgebaut und der Wein ist später geschmacklich angenehmer. Auch sind die Fruchtfleischzellen weicher und der Saft kann eher beim Zerquetschen der Früchte austreten.

Himbeerwein
ca. 10 l

5 kg Himbeeren (ergeben ca. 3,5 l Saft)
3 kg Zucker
5 l Wasser
4 g Hefenährsalz
10 ml Antigel
Reinzuchthefe

Die Beeren können ganz leicht gewaschen werden und anschließend zerdrückt man sie. Den Zucker löst man in heißem Wasser auf, mischt ihn mit den zerdrückten Beeren und läßt abkühlen, gibt Antigeliermittel, Hefenährsalz und die Reinzuchthefe zu und füllt alles in den Ballon ein. Unter Gäraufsatz wird dann eine 1 bis 2wöchige Gärzeit vorgenommen. Danach wird abgepreßt und der Saft für sich allein vergoren. Oft ist das Himbeeraroma sehr aufdringlich, deshalb nimmt man diese Weine häufig zum Verschneiden mit aromaschwachen anderen Weinen. Nach dem Abziehen und Schwefeln mit 1 g Kaliumpyrosulfit pro 10 l kann dann der Wein, falls der Geschmack es erkennen läßt, nachgesüßt werden.

Quittenwein
Die Quitten sind für die Weinbereitung im Haushalt nur schlecht geeignet, da die Verarbeitung äußerst schwierig ist. Der Zuckergehalt ist meist niedriger als in Apfel- oder Birnensäften, weshalb Quittensäfte, wenn sie vergoren werden sollen, immer einen Zuckerzusatz erhalten müssen (selbst für einen einfachen Tischwein).

Will man aber einen Quitten-Dessertwein herstellen, dann geht man folgendermaßen vor:
ca. 10 l

5 l Saft
3,5 l Wasser
2,5 kg Zucker
4 g Hefenährsalz
30 g Milchsäure 80%ig
Reinzuchthefe

Die Gärzeit dieses Weinansatzes beträgt dann allerdings einige Monate und er kann dann später, falls durch die Gärung kein Zucker mehr im Wein verbleibt, nachgesüßt werden, wobei der Geschmack entscheidet.

Mirabellenwein
ca. 10 l

8 kg Mirabellen (ergeben ca. 5 l Saft)
4,5 l Wasser
1 kg Zucker
20 ml Antigel
30 g Milchsäure
4 g Hefenährsalz
Reinzuchthefe

Die ausgereiften und gesunden Mirabellen werden gut gewaschen, gemaischt (Steine nicht zerschlagen) und mit der heißen Zuckerwasserlösung vermischt. Nach Abkühlung auf etwa 50 °C wird das Antigel zugesetzt, die Milchsäure, das Hefenährsalz und bei etwa Zimmertemperatur die Reinzuchthefe. Es wird eine etwa 1wöchige Maischegärung benötigt und zwar wiederum in einem Ballon mit Gäraufsatz, danach wird abgepreßt und der Saft für sich allein weitervergoren. Die Gärung muß bei Zimmertemperatur erfolgen.

Meist vergärt dieser Wein zu einem hohen Alkoholgehalt, so daß er später etwas unharmonisch wirkt und daher mit Zucker je nach Geschmacksempfinden nachgesüßt werden muß. Die größte Schwierigkeit bereitet allerdings die Klärung, die von alleine meist nicht ausreichend ist und auch zugesetzte Schönungsmittel bringen oft nicht den gewünschten Erfolg.

Pflaumenwein

In Jahren mit großem Ernteanfall werden aus diesen Früchten sehr oft Dessertweine hergestellt (nach dem Rezept vom Mirabellenwein, aber ohne Steine), die aber in geschmacklicher Hinsicht meist nicht befriedigen. Säurereiche Pflaumen sind besser geeignet als säurearme. Aus Säuremangel werden die Weine oft zäh (schleimig) und bleiben meist nach der Vergärung trübe. Man sollte deshalb nur zur Weinbereitung übergehen, wenn keine anderen Verwertungsmöglichkeiten mehr gegeben sind.

Aprikosenwein
ca. 10 l

ca. 7 kg Früchte (ergeben ca. 4 l Saft)
2 kg Zucker
5 l Wasser
30 g Milchsäure
20 ml Antigel
4 g Hefenährsalz
Reinzuchthefe

Die Früchte werden gewaschen und anschließend entsteint. Das Fruchtfleisch wird zerquetscht (gemaischt) und die erkaltete Zuckerwasserlösung darüber gegossen. Man gibt das Antigel, Hefenährsalz, Milchsäure und die Reinzuchthefe hinzu, mischt gut durch und füllt in den Ballon ein. Die Gärzeit sollte etwa 14 Tage betragen, danach wird abgepreßt und der Saft für sich allein weitervergoren. Nach Beendigung der Gärung wird der Wein kühl gestellt, bald darauf abgezogen und auf 10 l mit 1 g Kaliumpyrosulfit geschwefelt. Eventuell nachsüßen, wenn der Wein nach der Gärung zu unharmonisch schmeckt.

Ananaswein
ca. 10 l

Ananas ist eine relativ teure Frucht und wird in der Regel nicht für die Weinbereitung herangezogen. Man kann sowohl aus der ganzen Frucht als auch aus den etwas billigeren Ananasstücken, die in Sirup oder Saft eingelegt sind, Wein bereiten. Wenn man von diesen Ananasstücken ausgeht, dann sieht die Rezeptur folgendermaßen aus:

5 l Fruchtstücke mit Sirup (Saft)
4 l Wasser
2 kg Zucker
10 ml Antigel
40 g Milchsäure
4 g Hefenährsalz
Reinzuchthefe

Die Ananasstücke werden zerdrückt (gemaischt) und die kalte Zuckerwasserlösung hinzugegeben. Man setzt das Antigel, Milchsäure, Hefenährsalz und die Reinzuchthefe zu und füllt in einen Ballon ein, zu dem die Vergärung unter Gäraufsatz bei Zimmertemperatur vorgenommen wird. Nach beendeter Gärung wird der Wein von der Hefe abgezogen, kühl gestellt und mit 1 g Kaliumpyrosulfit auf 10 l geschwefelt. Je nach Geschmack wird dann der Wein mit Zucker nachgesüßt und kann nach vollkommener Klärung auf Flaschen abgefüllt werden.

Reiswein

Da Reis nur Stärke, aber keinen Zucker enthält, kann diese Frucht auch nicht vergoren werden. Man muß deshalb sämtlichen Zucker, aus dem später Alkohol entstehen soll, zusetzen; ebenso ist keine Säure vorhanden, die ebenfalls vollständig zugegeben werden muß.
ca. 10 l

3 kg Reis
3 kg Zucker
8,5 l Wasser
60 g Milchsäure
4 g Hefenährsalz
Reinzuchthefe

Der Reis wird gewaschen und anschließend mittels einer Kaffeemühle zerkleinert. Dann löst man den Zucker im Wasser auf, gießt diese Lösung zum Reis und gibt bei Zimmertemperatur die Säure, das Nährsalz und die Reinzuchthefe zu. Zur besseren Angärung sollte man gleichzeitig noch etwa 1 1/2 l Apfelsaft zusetzen, in dem man zweckmäßigerweise 1 bis 2 Tage vorher die Reinzuchthefe zur Vermehrung gebracht hat. Vergoren wird bei Zimmertemperatur unter Gäraufsatz. Der Wein ist bis zum Ende der Gärung mit den zerkleinerten Reiskörnern zusammenzulassen und erst nach beendeter Gärung abzuseihen bzw. abzupressen. Die Herstellung von Wein aus anderen Getreidearten ist nicht empfehlenswert.

Orangenwein
ca. 10 l

etwa 7 bis 8 kg Orangen (ergeben ca.
5 l Saft)
3 kg Zucker
3,5 l Wasser
10 ml Antigel
4 g Hefenährsalz
20 g Zitronen- oder Milchsäure
Reinzuchthefe

Da die Verarbeitung von Orangen zu Wein mit den Schalen nicht möglich ist, müssen entweder die Früchte halbiert und mit einer der Zitronenpresse ähnlichen Vorrichtung entsaftet werden oder man schält die Orangen und maischt (zerdrückt) die Früchte und setzt das Antigel zu. Nach guter Durchmischung läßt man diese Maische etwa 10 Stunden stehen und preßt ab. Den Saft selbst läßt man durch ein grobes Filtertuch laufen, damit die Häute des Fruchtfleisches zurückgehalten werden. Diese enthalten einen Bitterstoff, der auch durch Zukker beim späteren Wein nicht überdeckt werden könnte. Nun setzt man die Zuckerwasserlösung, das Hefenährsalz, die Säure und die Reinzuchthefe zu und füllt in den Ballon, wo der Wein unter Gärverschluß vergären muß.

Durch den Gärungsprozeß wird wahrscheinlich ein großer Teil dieser Aromastoffe zerstört werden, so daß es notwendig ist, nach dem Abstich von der Hefe und Schwefelung mit 1 g Kaliumpyrosulfit auf 10 l den Saft einer bis zwei Orangen zuzusetzen. Man kann auch einige Orangenschalen etwa einen Tag lang in Wein ziehenlassen, indem man diese Schalen etwas zerkleinert und in ein Säckchen einbindet und einhängt. Je nach der gewünschten Stärke kann schon eine Einwirkzeit von 1 bis 2 Stunden ausreichend sein. Die Weine werden später, wenn sie vergoren und einigermaßen klar sind, nachgesüßt, sofern durch die Gärung kein Zucker mehr im Wein verblieben ist.

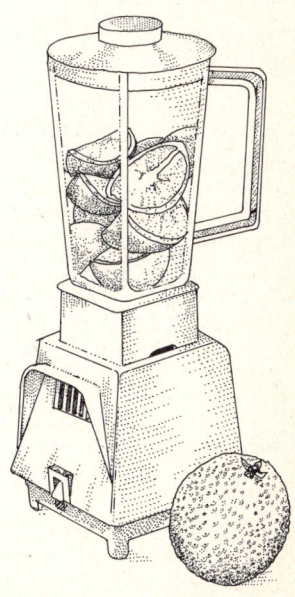

Honigwein
ca. 10 l

3,5 kg Bienenhonig (= ca. 2,5 l)
8 l Wasser
30 g Milchsäure
4 g Hefenährsalz
Reinzuchthefe

Bei keinem anderen Wein wird so viel experimentiert wie gerade bei diesem Wein, obwohl Honigwein in der Regel nicht gerade einfach herzustellen ist. Dies kommt einmal daher, weil im Honig gewisse gärhemmende Stoffe vorhanden sind und zum anderen, weil die Honig-Wasser-Mischung klar ist und kaum Trubstoffe enthält (Trubstoffe bei Fruchtweinen, die aus Fruchtfleisch u. ä. bestehen, fördern die Gärung sehr stark).
Für die Weinherstellung sollte man eigentlich nur guten bis besten Honig nehmen, da ein geringwertiger Honig auch einen sehr schlechten Wein ergibt.
Um die Gärbedingungen bei Honigwein zu verbessern, geht man deshalb folgendermaßen vor:
Man erwärmt den Honig auf etwa 50 °C, ebenso das Wasser und vermischt beides. Nach Abkühlung auf Zimmertemperatur gibt man die Säure, Hefenährsalz, die Reinzuchthefe und zusätzlich noch als Gärförderung etwa 10 g Weizenmehl zu. Dadurch bleiben die Hefezellen besser in Schwebe, die bei der Gärung entstehenden Kohlensäurebläschen werden leichter entbunden und können rascher entweichen.
Neuere Versuchs- und Forschungsergebnisse haben erkennen lassen, daß durch einen Zusatz von ca. 10 bis 15% Fruchtsaft (Apfelsaft, Trauben-saft, weißer Johannisbeersaft) die Gärung nicht nur gefördert wird, sondern der Wein auch später etwas fruchtiger schmeckt. Die Vergärung sollte bei Zimmertemperatur erfolgen und der Wein sollte häufig umgeschüttelt werden.
Nach Beendigung der Gärung wird der Wein kühl gestellt und von der Hefe abgezogen und auf 10 l mit 1 g Kaliumpyrosulfit geschwefelt. Trübungen können meist mit Kieselsol beseitigt werden.

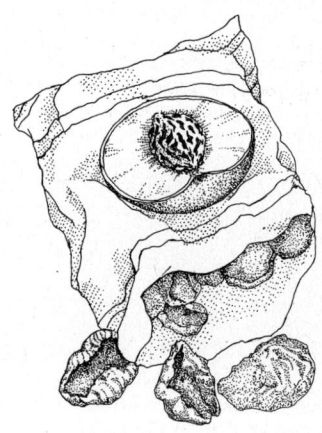

Pfirsichwein
Pfirsiche sind als Frucht ansprechend, nicht jedoch als Wein, weshalb man eigentlich daraus keinen Wein herstellen sollte. Der Säuregehalt liegt niedrig, ebenso der Zuckergehalt und der gepreßte Saft hat auch kaum Aromastoffe. Zudem ist dieser Wein sehr anfällig für Weinkrankheiten und ist somit in den meisten Fällen eine Enttäuschung. Wenn aber damit ein Versuch

108

gemacht werden soll, dann sieht die Rezeptur folgendermaßen aus:
ca. 10 l

ca. 15 kg Pfirsiche (ergeben ca. 8 l Saft)
2,5 kg Zucker
1 l Wasser
40 g Milchsäure
4 g Hefenährsalz
Reinzuchthefe

Die Früchte werden gewaschen, entsteint und das Fruchtfleisch gemaischt (zerdrückt). Dann mischt man mit der erkalteten Zuckerwasserlösung, setzt die Milchsäure, das Hefenährsalz und die Reinzuchthefe zu und vergärt etwa 1 Woche unter Gäraufsatz. Danach wird abgepreßt und der Saft für sich allein weitervergoren bei Zimmertemperatur.

Holunderblüten-Wein
s. Löwenzahnblüten-Wein-Rezept.

Löwenzahnblüten-Wein
ca. 10 l

etwa 1 kg Blütenblätter
3 kg Zucker
8,5 l Wasser
60 g Milchsäure
4 g Hefenährsalz
Reinzuchthefe

Die Blütenblätter werden gewaschen, mit der erkalteten Zuckerwasserlösung vermischt, die Säure, das Hefenährsalz und die Reinzuchthefe zugeben und im Ballon unter Gäraufsatz vergoren. Es ist jedoch hier angebracht, wenn man ca. 2 Tage vorher die Reinzuchthefe in $^1/_2$ l Apfelsaft zur Angärung gebracht hat, da eine reine Zuckerwasserlösung nicht bzw. sehr schwer gärt. In Verbindung mit dem natürlichen Fruchtsaft kommt die Gärung schneller in Gang und ist auch früher beendet. Nach etwa 14 Tagen können die Blütenblätter schon abgeseiht werden.

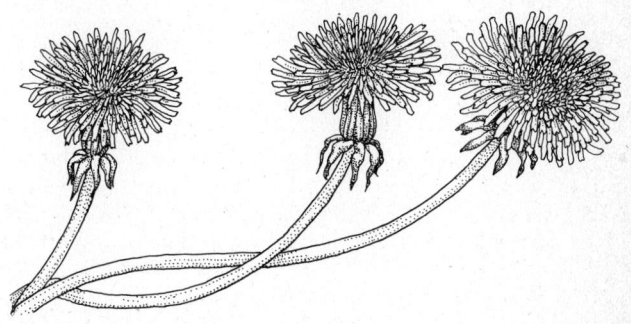

Bananenwein

ca. 10 l

3 bis 4 kg Bananen (= 2 bis 3 kg ent-
schälte Früchte)
2,5 kg Zucker
8 l Wasser
50 g Milchsäure oder Zitronensäure
10 ml Antigel
4 g Hefenährsalz
Reinzuchthefe

Bananen werden entschält, zerdrückt und mit dem in Wasser aufgelösten Zucker gleichmäßig vermischt. Anschließend wird das Antigel, die Säure, das Hefenährsalz und die Reinzuchthefe hinzugegeben. Sofort in einen Ballon füllen, mit Gäraufsatz verschließen und bei Zimmertemperatur vergären.

Nach 1 bis 2 Wochen kann die Maische in ein Leinensäckchen gegeben und ausgedrückt werden (pressen ist nicht unbedingt erforderlich). Die reine Flüssigkeit wird in einem 10-l-Ballon weitervergoren, wobei die Temperatur möglichst konstant zu halten ist. Während der Weitervergärung wird der Ballon häufig umgeschüttelt. Die weitere Behandlung ist wie bei den übrigen Weinen.

Die Rolle der Mikroorganismen

In diesem Buch ist immer wieder die Rede von den Mikroorganismen, den Schimmelpilzen, Hefepilzen und den Bakterien.

Da ist zunächst der mögliche Befall der Früchte, des gepreßten Saftes oder der Maische mit Schimmelpilzen, wenn nicht die Hefezellen innerhalb einiger Tage mit der Gärung, d. h. dem Zuckerabbau, beginnen. Die Gefahr des »Verschimmelns« ist nämlich gebannt, sobald Kohlensäure entsteht: da diese schwerer als Luft ist, überlagert sie das Gärgut und verdrängt die Luft, so daß es zum Entzug des lebensnotwendigen Sauerstoffes für die Schimmelpilze kommt. Sauerstoff ist das A und O der Schimmelbildung.

Bei der Gärung wird neben der schützenden Kohlensäure noch Alkohol gebildet. Dieser wertbestimmende Bestandteil eines Weines wirkt gleichzeitig giftig auf Schimmelpilze. Ab einer Konzentration von etwa 4 Volumenprozent wird kein Wachstum mehr möglich sein. Das bedeutet, daß selbst alkoholarme Apfelweine (nur 4 bis 5 Vol.-%) nicht mehr schimmelig werden können. In der Regel liegt der Alkoholgehalt bei Apfelweinen bei 5 bis 6 Volumenprozent.

Aber gerade bei diesen alkoholschwachen Getränken lauern wieder andere Gefahren, nämlich die Bildung einer Kahmschicht durch Hefen auf der Oberfläche des Weines bzw. Getränkes. Auch hier ist wieder Luftsauerstoff nötig, so daß es also nur dazu kommt, wenn die Gärung bereits beendet ist und die schützende Kohlensäure-Schicht entfernt wurde. Man kann sich aber einigermaßen schützen, indem man solche Getränke möglichst kühl und »spundvoll« lagert (ohne Lufteinfluß) und das Getränk nach beendeter Gärung mit etwa 1 g Kaliumpyrosulfit/10 l Flüssigkeit schwefelt. Erst ab 12 bis 13 Volumenprozent Alkohol ist keine Kahmhefeentwicklung mehr möglich, so daß also Dessertweine dieser Gefahr nicht unterliegen.

Neben den Kahmhefen, die nur *auf* der Weinoberfläche und unter ganz bestimmten Bedingungen wachsen, können sich *in* der Flüssigkeit noch sog. Schleimhefen entwickeln, wenn wiederum die für ihr Lebensoptimum notwendigen Bedingungen vorherrschen und zwar wenn säurearme Weine zudem noch warm lagern. Es ist wichtig, daß solche Getränke sofort nach der Gärung kühl gelagert werden müssen – auch dagegen wirkt die Schwefelung hemmend.

Ein Kapitel für sich wären eigentlich die Bakterien, die einen sehr breiten Raum einnehmen. Es gibt nämlich nützliche und schädliche Bakterien. Die schädlichen sind deswegen so gefährlich, weil ihre Wachstumsrate sehr groß ist.

Die Essigbakterien sind uns wegen ihrer Schädlichkeit aus einem vorhergehenden Kapitel bekannt, und es braucht hier nicht darauf eingegangen zu werden.

Die Milchsäurebakterien nehmen eine Zwischenstellung ein, da sie einmal sehr nützlich sein können, wenn man an den zu hohen Säuregehalt von Apfel- und auch Traubenmosten denkt. Eine spezielle Gruppe innerhalb dieser Bakterienart hat nämlich die Befähigung, einen zu hohen Gehalt an Apfelsäure abzubauen, und zwar in die schwächer wirkende Milchsäure und Kohlensäure, so daß es den Anschein hat, als ob eine Nachgärung stattfindet. Gefördert kann dieser Säureabbau durch warme Lagerung und häufiges Aufrühren werden. Hier darf auch keine Schwefelung vorgenommen werden.

Zum Nachteil kann dieser Säureabbau allerdings dann werden, wenn von Natur aus zu wenig Säure vorhanden ist, oder wenn der Säureabbau zu weit geht, so daß also solche Getränke zuletzt aus Säuremangel nur noch fade schmecken. Dies zu erkennen, ist oft nicht allein durch die Zungenprobe möglich, sondern es muß eine direkte Säurebestimmung (siehe Acidometer) vorgenommen werden.

Eine andere Gruppe dieser Bakterienart bildet aber auch noch Stoffwechselprodukte, die geschmacklich sehr nachteilig sein können (z. B. Sauerkraut-Ton).

Wie man sieht, sind diese Säfte und Weine eine gute Nährlösung für die Mikroben. Aber keine Angst: In der Säure haben wir ein ausgezeichnetes Mittel, durch das diese Mikroben stark zurückgehalten werden. In der Milch, im Bier u. ä. Getränken ist diese schützende Wirkung nicht vorhanden und deshalb besteht hier eine viel größere Gefahr für einen Bakterienbefall.

Umrechnungstabellen für Zucker und Alkohol aus dem Mostgewicht

(1) Mostgewicht °Oe	(2) spez. Gewicht	(3) Zucker g/l	(4) Alkohol Vol.-%	(5) g/l
1	1,001	–	–	–
5	1,005	–	–	–
10	1,010	–	–	–
15	1,015	–	–	–
20	1,020	–	–	–
25	1,025	–	–	–
30	1,030	–	–	–
35	1,035	62	3,8	30
40	1,040	72	4,4	34
45	1,045	85	5,1	40
50	1,050	99	5,9	46
55	1,055	115	6,7	53
60	1,060	130	7,6	60
65	1,065	143	8,4	66
70	1,070	155	9,1	72
75	1,075	168	9,9	78
80	1,080	180	10,6	84
85	1,085	192	11,4	90
90	1,090	205	12,2	97
95	1,095	218	13,0	103
100	1,100	231	13,8	109
105	1,105	244	14,6	115
110	1,110	257	15,3	121
115	1,115	270	16,1	127
120	1,120	283	16,9	133
125	1,125	296	17,7	140
130	1,130	308	18,4	145
135	1,135	321	19,2	151
140	1,140	–	–	–
145	1,145	–	–	–
150	1,150	–	–	–
155	1,155	–	–	–
160	1,160	–	–	–

In der ersten Spalte (1) sind Mostgewichte, ausgedrückt in °Öchsle, wie sie in Deutschland üblich sind, aufgeführt. Sie können direkt mit der Mostwaage ermittelt werden.

In der zweiten Spalte (2) sind die spezifischen Gewichte eingetragen. In der dritten Spalte (3) ist der dem Öchslegewicht entsprechende Zuckergehalt in g/l angegeben. Diese Zahlenwerte sind aber nur Annäherungswerte, denn die Öchslegrade erfassen alle Extraktstoffe in einem Liter Saft, also neben Zucker auch noch Säuren, Mineralstoffe, Pektinstoffe, Glyzerin, Eiweiß usw., die gewissen Schwankungen unterliegen. Diese Stoffe sind bereits abgezogen.

In der vierten Spalte (4) sind die Alkoholwerte in Volumenprozent (Vol.-%), in der fünften Spalte (5) in g/l angegeben.

Ein Beispiel:

Ein Traubenmost bzw. -saft hat nach dem Abpressen 80 °Oe, gemessen mit der Öchslewaage, dann sind im Saft ca. 180 g Zucker pro Liter enthalten; daraus entstehen dann durch Gärung ca. 84 g Alkohol pro Liter oder 10,6 Volumenprozent. Man braucht also nur die Mostwaage nach Öchsle zu nehmen und die Öchslegrade von dem Most oder Saft zu bestimmen, um daraus die anderen Werte abzuleiten, nämlich

(a) spezifisches Gewicht
(b) Zucker g/l
(c) Alkohol Vol.-%
(d) Alkohol g/l

Weiterhin ist aus der Tabelle zu ersehen, daß es *praktisch keine Mostgewichte* unter 35 °Oe im gesamten Saftbereich gibt (mit ganz wenigen Ausnahmen); die Öchslewerte sind wohl theoretisch von 1 bis 35 aufgeführt, jedoch gibt es keine Umrechnungszahlen in Zucker oder Alkohol. Im völlig unreifen Zustand könnte es vorkommen, daß z. B. Apfelsaft 20 °Oe aufweist – durch Unwetter im Sommer herabgeschlagenes Obst – doch enthält es zu diesem Zeitpunkt noch keinen Zucker. Die Öchslegrade drücken in diesem Falle andere Stoffe aus.

Der Bereich über 135 °Oe signalisiert schon (im Traubenweinbereich) Beerenauslesen, also Produkte, wie sie nicht in normalen Jahren wachsen und zu den großen Ausnahmen zählen. Sie vergären nicht mehr vollständig durch und die Weine bleiben trotz langer Gärzeit (mehrere Monate) noch süß. Werden aber Fruchtsäfte aufgezuckert, um Dessertweine daraus herzustellen, also Alkoholgehalte über 13 Volumenprozent, dann liegen die Ausgangsmostgewichte vor der Gärung auch im Bereich um 125 bis 135 °Oe; diese Weine vergären aber günstiger, da nicht, wie bei den Beerenauslesen, gärhemmende Stoffe (von Edelfäule-Pilzen erzeugt) vorhanden sind.

Praktisch können selbst beste Reinzuchthefen bei optimalsten Gärbedingungen höchstens 18 Volumenprozent Alkohol bilden, was aber schon Ausnahmen sind.

Weinseminare und Informationen

Der Hobby-Weinbereiter wird sich im allgemeinen aus Büchern über Herstellungsmethoden und Rezepte informieren. Es gibt jedoch auch eine Reihe von praktischen Seminaren. Volkshochschulen beispielsweise veranstalten Abendkurse, in denen man eine umfassende Grundausbildung erhält.

Auch veranstalten Weinbauverbände und Landwirtschaftskammern der einzelnen Weinbaugebiete in Deutschland Wochenseminare für Anfänger und Fortgeschrittene nach dem Motto »Genießen und informieren« mit einem gehobenen weinkulturellen und kulinarischen Angebot.

Daneben bemüht sich auch der »Stabilisierungsfond für Wein« Gutenbergplatz 5, 6500 Mainz, auf überregionalem Gebiet um Ausbildung, Werbung, Verkaufsförderung und Information.

Viele Touristik-Unternehmen veranstalten Weinreisen durch Anbaugebiete. Sie konzentrieren sich dabei meistens auf die Besichtigung romantischer Weinkeller und Weinberge und arangieren als besondere Attraktion Bankette, zu denen eine Auswahl an Weinen aus dem betreffenden Anbaugebiet mit den entsprechenden Gerichten serviert werden.

Wer sich mehr dafür interessiert, sollte sich beim Stabilisierungsfond oder den Weinbauverbänden nähere Informationen einholen.

Bezugsmöglichkeiten

Wer Wein selbst herstellen will, benötigt dafür Geräte, um die Früchte zerkleinern zu können und anschließend den Saft auszupressen. In der Regel sind das Mixer, Mühlen, kleine oder größere Saftpressen, Obst- und Beerenpressen oder sonstige Entsafter. Diese bekommt er z. T. in Haushaltswarengeschäften oder in Fachhandelsgeschäften. In Drogerien kann er dagegen die Zutaten für die Vergärung wie Hefenährsalz, Milchsäure, pektinabbauende Enzyme (Antigel), kohlensauren Kalk, Reinzuchthefe, Gummikappen, Gäraufsätze, Mostwaage, Säuremesser (Acidometer), Glaszylinder, Schönungsmittel (zur Klärung), Glasballons, Kronkorken, Naturkorken, Verkorkapparate usw. bekommen.

Die Firma Arauner, Weinlabor und Beratungsdienst, Wörthstr. 34–36, D-8710 Kitzingen, liefert sämtliche Artikel, auch Glasballons, Obstmühlen und -pressen. Außerdem nimmt sie auch Untersuchungen und Begutachtungen von Saft- und Weinproben vor.

Fachausdrücke und Stichworte

Agar-Agar: Schönungsmittel, um trübe Weine (z. B. Hagebutten-Weine) zu klären.

Aktiv-Kohle: Sehr fein vermahlene Pflanzenkohle, die unangenehme Geschmacksstoffe und Geruchsstoffe aus dem Wein nimmt und Fabstoffe entfernt. Ein Behandlungsmittel.

Alkohol: Sammelbegriff für eine ganze Reihe von verschiedenen Alkoholen; es gibt z. B. den Methylalkohol (giftig), Äthylalkohol (entsteht bei der Gärung), Glyzerin (drei-wertiger Alkohol) und sog. höhere Alkohole (Fuselöle); diese letzteren entstehen beim Abbau von Eiweiß und sind verantwortlich für die schlechte Bekömmlichkeit eines Getränkes.

Alterung: Vorgang, der nach der Gärung einsetzt; je nach Belüftung, Alkoholgehalt, Schwefelung, Fruchtart, Temperatur verläuft er zunächst positiv, später dann negativ.

Amylase: Enzym, das einem Most oder einer stärkehaltigen Maische hinzugefügt werden kann, um die Stärke in vergärbare Zucker umzuwandeln oder Trübungen eines Weines, die durch Stärke hervorgerufen werden, zu verhindern und zu beseitigen (siehe Reisweinrezept).

Anreicherung: Zusatz von Zucker zu einem Most vor der Gärung, damit ein höherer Alkoholgehalt entsteht. Bei Traubenweinen ist die Zuckermenge begrenzt.

Antigel: natürliches Enzym (Handelsprodukt) zum Abbau von Pektinstoffen. In der Wirkung gleiche Enzyme sind: Filtragol, Pektinol, Pektinex, Panzym, Ultrazym. Enzyme anderer Art werden auch von Hefezellen erzeugt (Zymase), um den Zucker abzubauen, d. h. zu vergären. Alle Enzyme bauen höherwertige Stoffe in einfachere Stoffe ab.

Aufschließen: Durch Zusatz eines pektinabbauenden Enzyms (Antigel) wird eine Maische leichter preßbar und die Farbausbeute erhöht.

Autolyse: Zersetzung abgestorbener Hefezellen, meist nach der Gärung, wenn der Abstich zu spät vorgenommen wird. Der Jungwein bekommt dann meist einen sog. »Hefeböckser«.

Bakterien: Bei der Weinherstellung vorkommende, meist unerwünschte Mikroorganismen, die Säure abbauen (Milchsäurestich) oder auch den Alkohol umsetzen zu Essigsäure (Essigstich).

Behälter: Meist aus Glas (Ballons), für größere Weinmengen Holzfässer, Kunststoff-Fässer, Edelstahlbehälter.

Belüftung: Vorgang, bei dem Luftsauerstoff meist zwangsläufig zum Wein bzw. Most gelangt. Durch Belüftung können auch Infektionen entstehen.

Bentonit: Weinklärungsmittel aus Tonerden. Dient zur Entfernung von im Wein gelösten Eiweißstoffen, die evtl. später auftretende Trübungen verursachen können. Es wird vorbeugend angewandt.

Bittergeschmack: Ausgelöst von Bitterstoffen im Saft, die auch später im Wein noch vorhanden sind (siehe Orangenwein, Holunderbeerwein). Nicht mit saurem Geschmack zu verwechseln.

Braunwerden: Bei starkem Luftzutritt (Oxidation), wenn ein Wein nicht geschwefelt wird, kann es zum Braunwerden kommen. Verhinderung: rechtzeitiges Vollfüllen der Behälter nach dem Gären, Schwefelung und kühl stellen.

Bukett: Summe aller Aromastoffe eines Weines, die man erriechen kann. Sie sind ein wichtiger Qualitätsfaktor.

Degorgieren: Entfernen des gefrorenen Hefepfropfens in der Sektflasche nach der Unterkühlung der Flaschen.

Desinfektion: Abtöten oder Entfernen von Mikroorganismen (erwünscht oder unerwünscht) durch Dampf oder auch schweflige Säure.

Dessertwein: Meist aufgezuckerte Frucht- und Obstweine auf ein Mostgewicht von 120 bis 130 °Oe, um einen Alkoholgehalt über 13 Volumenprozent zu erreichen. Solche Weine sind haltbarer und gären meist nicht mehr nach.

Druck: Entsteht bei der Flaschengärung von Sekt durch die gebildete Kohlensäure bis etwa 8 bar. Bei höherem Druck kann die Hefe nicht mehr weitergären.

Einbrennen: Holzfässer werden im leeren Zustand häufig mit Schwefelschnitten eingebrannt, um sie so zu konservieren, d. h. vor Schimmelbildung zu bewahren.

Entsäuerung: Durch Zusatz von kohlensaurem Kalk ($CaCO_3$) kann man einen Teil der im Traubenmost bzw. Traubensaft enthaltenen Säure entfernen, wenn der natürliche Säuregehalt aufgrund von evtl. schlechter Ausreife zu hoch sein sollte.

Edelfäule: Volkstümlicher Name für den Schimmelpilz Botrytis cinerea, der die Trauben bzw. die Beeren befällt, wenn diese schon reif sind. Der Pilz zerstört die Beerenschale (-haut) und das Wasser kann leichter verdunsten, so daß es zur Konzentration des Zuckers (und auch der anderen Substanzen) kommt. Trauben, die zur Herstellung von Spätlesen, Auslesen, Beerenauslesen herangezogen werden, sind meist von diesem Pilz befallen.

Enzymatische Klärung: Durch Zusatz von pektinabbauenden Enzymen werden nicht nur Pektine abgebaut und damit der Preßvorgang erleichtert, sondern die Voraussetzung für eine Selbstklärung des Weines geschaffen.

Erhitzung: Schwarze Johannisbeer-Maischen werden meist auf etwa 50 °C erhitzt, weil hier die Wirkung des Enzyms zum Abbau der Pektinstoffe wesentlich besser ist und man auch mit geringerer Dosierung und kürzerer Zeit auskommt. Außerdem können noch Säfte und Weine (Vorsicht wegen Alkoholverdunstung) steril gemacht werden, wenn Gefahr wegen mikrobiellen Verderbs besteht (auf 75 °C).

Essigstich: Der Essigstich wird ausgelöst durch Bakterien, die sich entweder an den Geräten befinden, die mit dem Saft, der Maische oder dem Wein in Berührung kommen oder die durch Essigfliegen (Fruchtfliegen) übertragen werden. Der Essigstich ist eine sehr unangenehme Krankheit und macht die Weine (über 2 g/l Essigsäure) ungenießbar. Wenn zudem die Essigbakterien nicht abgetötet (durch Hitze) oder mittels entkeimender Filtration entfernt werden, nimmt die Essigsäure laufend zu. Auch die Lagerbehälter sind dann so stark infiziert, daß Holzfässer nicht mehr für die Weinlagerung verwendet werden können.

Faßgeschmack: Tritt auf, wenn ein Wein in ein Holzfaß eingefüllt wird, das über längere Zeit leer lag und vorher nicht »weingrün« gemacht wurde (z. B. durch längeres Wässern). Faßgeschmack ist auch fast identisch mit Holzgeschmack.

Fehler: Veränderungen eines Weines oder Saftes in negativer Hinsicht (z. B. im Aussehen und Geschmack), die meist auf *chemischem* Wege erfolgen. Im Gegensatz dazu Krankheiten, die biologisch durch Mikroorganismen hervorgerufen werden.

Als Fehler gilt z. B. das Braunwerden des Weines, wenn zuviel Luftsauerstoff hinzutritt und der Wein nicht geschwefelt ist; hier handelt es sich dann um Oxidationen. Ein weiterer Fehler ist der »Schwarze Bruch«, der ausgelöst wird durch Vorhandensein von Eisen, wobei gleichzeitig eine unterlassene Schwefelung diesen Fehler verstärkt.

Fermentierung: Der Zusatz von z. B. Antigel, um die Pektinstoffe der Früchte bzw. der Fruchtmaische abzubauen, damit der Saft besser abgepreßt werden kann. Da der Gehalt an Pektinstoffen unterschiedlich ist, müssen auch unterschiedliche Mengen an Antigel zugesetzt werden (Ferment = Enzym).

Filter: Gerät, mit dem man Trübungen (die mechanisch vorliegen) beseitigen kann. Die Trubstoffe oder Hefezellen werden dabei wie in einem feinen Sieb zurückgehalten. Kolloidale Trübungen (Schleimstoffe) werden dagegen nicht beseitigt.

Füllung: Auch Flaschenabfüllung, der letzte Arbeitsgang innerhalb des gesamten Ausbaus der Weine. Der Zeitpunkt richtet sich nach einer ganzen Reihe von Faktoren wie Alkoholgehalt, Säuregehalt, vorherige Lagerung, Stabilität und Klarheit des Weines. In Holzfässern ausgebaute Weine (ganz besonders Traubenweine) müssen früher auf Flaschen abgefüllt werden, am besten ausgangs des Winters des auf die Ernte folgenden Jahres. Fruchtweine können länger im Holzfaß lagern, vor allen Dingen, wenn sie einen höheren Säuregehalt aufweisen.

Die Flaschen sollen soweit gefüllt werden, daß keine Luft mit eingeschlossen wird, d. h. die Füllhöhe in der Flasche soll den unteren Rand des Korkspiegels fast berühren.

Gärung: Umwandlung des Zuckers in Äthylalkohol und Kohlendioxid. In der Regel werden in etwa aus 2 Teilen Zucker je 1 Teil Alkohol und Kohlendioxid gebildet und so kann man in etwa berechnen, wieviel Alkohol aus zugesetztem Zucker entsteht (aus 100 g Zucker entstehen fast genau 47 g Alkohol und fast ebensoviel Kohlendioxid, während der Rest von ca. 6% zum Aufbau der Hefesubstanz und anderen Stoffwechselprodukten herangezogen wird). Die Gärung wird nicht direkt von der Hefe ausgelöst, sondern von Fermenten (Enzymen), die von den Hefen erzeugt werden. Die Gärung verläuft am besten in einem Temperaturbereich um 20 bis 25 ° C, die angestrebt werden muß, wenn hochgrädige Weine erzeugt werden sollen. Niederprozentige Apfelweine vergären auch schon bei 8 bis 10 °C, normale Traubenweine bei 12 bis 15 °C. Bei der Gärung entsteht außerdem noch Wärme, so daß es in großen Gebinden zu einer merklichen

Temperaturerhöhung kommt; in kleineren Behältern wird diese Wärme sofort wieder von der Außenwand abgeführt bzw. abgestrahlt.

Gäraufsatz: Vorrichtung, die verhindert, daß Luft direkt zum Gärgut kommt. Der Gäraufsatz muß *sofort* nach dem Einfüllen der Maische oder des Saftes in den Gärbehälter auf die Öffnung gesetzt werden. Man kann gut erkennen, wenn die Gärung einsetzt und wie stark sie abläuft, da die Gäraufsätze entweder aus Glas oder neuerdings aus durchsichtigem Kunststoff bestehen. Durch eine Sperrflüssigkeit (meist Wasser) kann dann die während der Gärung entstehende Kohlensäure nach außen entweichen, ohne daß dabei Luft nach innen kommt. Erst wenn die Gärung beendet ist, tritt ein Druckausgleich ein, so daß sich die Sperrflüssigkeit nicht mehr bewegt. Es kann sogar sein, daß durch starke Abkühlung nach der Gärung im Inneren des Behälters ein Unterdruck entsteht und Luft durch die Sperrflüssigkeit eingesogen wird. Außer der alkoholischen Gärung gibt es noch andere Gärungen, hervorgerufen durch Bakterien.

Gärstarter: Kleine Most- oder Saftmenge, die mit einer flüssigen oder trockenen Reinhefe versetzt wird, die dann nach einigen Tagen dem gesamten Wein- oder Maischeansatz zugegeben wird. Dies hat den Vorteil, daß eine bereits schon in Gärung befindliche Hefe in größerer Anzahl einem frisch bereiteten Wein- oder Maische-Ansatz zugegeben werden kann, der sofort in Gärung übergeht. Gibt man keinen Gärstarter zu, kann es vorkommen, daß sich die Angärzeit um einige Tage verlängert und während-

dessen kann u. U. auf der Oberfläche der Maische oder des Saftes Schimmel entstehen, der sich geschmacklich nachteilig auswirkt.

Gelatine: Hilfsstoff, der zur Beseitigung von Trübungen (Schönung) herangezogen wird. Einsatz meist bei gerbstoffreichen Weinen (Schlehen- und Quittenweine, auch rote Traubenweine). Dieses Mittel wird meist in Verbindung mit anderen Schönungsmitteln angewandt, z. B. Tannin oder Kieselsol (15%ig).

Gerbstoffe: Natürliche Weininhaltsstoffe, die entweder im Fruchtsaft gelöst sind oder durch die Verarbeitung, z. B. beim Mahlen oder Pressen unter starkem Druck aus den Stielen, usw. in den Saft gelangen. Besonders unangenehm ist der Gerbstoff bei Schlehenweinen. Ein hoher Gerbstoffgehalt wirkt adstringierend; er zieht, wie der Volksmund sagt, »den Mund zusammen«. Beseitigung meist mit Gelatine, am besten nach einem Schönungsversuch.

Hefen: Kleine einzellige Pilze. Es gibt verschiedene Arten und Rassen; für den Menschen sind sie insofern von Interesse, als sie aus Saft Wein machen und ein Getränk haltbar machen können. Wilde Hefen vergären unkontrolliert den Zucker und es können Nebenprodukte entstehen, die den Geschmack verschlechtern. Deshalb schaltet man in der Regel diese wilden Hefen durch leichte Schwefelung vor der Gärung aus.

Hefenährsalz: Dient zur Vermehrung der Hefezellen und sorgt für zuverlässige Vergärung besonders bei mit Wasser verdünnten Weinansätzen, aus denen dann höhergrädige Weine entstehen sollen. Unterläßt man den Zusatz von Hefenährsalz, dann setzt die Gärung frühzeitig aus und es bleibt ein größerer Zuckerrest im Wein vorhanden.

Holzgeschmack: siehe Faßgeschmack

Infektion: Befall von Mikroorganismen bei einem Saft, einer Maische oder von Wein, wobei sich nachteilige Veränderungen einstellen. Eine Infektion kann ein Schimmelbefall auf der Oberfläche eines noch süßen Getränkes vor der Gärung sein oder der Zutritt von Essigsäurebakterien, so daß es zur starken Vermehrung der Mikroorganismen kommt, die den Alkohol in Essigsäure umwandeln und das Getränk verderben.

Kahmhefen: Hefezellen, die auf der Oberfläche eines alkoholschwachen Getränkes (hauptsächlich bei Apfelmosten) vorkommen, die selbst nicht gären, aber andere Weininhaltsstoffe, wie Alkohol, Säure usw. verbrauchen und das Getränk so verderben können. Kahmhefen wachsen um so schneller, je wärmer es ist und je weniger Alkohol das Getränk hat. Eine Schwefelung verlangsamt die Bildung. Auch das Aufsetzen eines Gäraufsatzes, gefüllt mit schwefliger Säure, verhindert Kahmbildung.

Klärung: siehe Schönung

Kohlensäure: Gas, das bei der Gärung entsteht und korrekt Kohlendioxid heißt.

Kohlensaurer Kalk: wird zur teilweisen Entfernung von Weinsäure benutzt, wenn der Gesamtsäuregehalt in den Traubensäften zu hoch (über 9 g/l) liegt.

Konzentrat: hierbei handelt es sich um eingedickte Fruchsäfte, denen ein Teil des Wassers durch Erhitzung entzogen wurde. Diese Konzentrate nehmen entsprechend weniger Raum ein und lassen sich billiger transportieren. Sie sind auch haltbar, da in dieser Konzentration der Zucker schon konservierend wirkt. Sie werden bei Gebrauch je nach Konzentrierung mit der entsprechenden Wassermenge verdünnt und sind dann in der Zusammensetzung fast wieder identisch mit den Ursprungssäften.

Korken: Flaschenverschlüsse, die aus der Rinde der Korkeiche gewonnen werden. Sie sind sehr elastisch und verschließen sehr gut. Vor Verwendung werden sie etwa 20 Stunden in höchstens lauwarmem Wasser (bis 30 °C) eingeweicht, damit sie elastisch werden, um mit dem Handverkorkapparat einfach in die Flaschenmündungen gedrückt zu werden. Kunstoff-Korken sind nur geeignet, wenn die Flaschen aufrechtstehend gelagert werden. Sie sind weniger elastisch als Naturkorken.

Krankheiten: Nachteilige Veränderungen eines Weines oder Saftes, die durch Mikroorganismen wie Hefen oder Bakterien hervorgerufen werden können – der Essigstich ist die bekannteste Krankheit.

Lichteinflüsse: Während der Gärung ist Lichteinfluß nur von geringer Bedeutung, da die Kohlensäure, die während der Gärung entsteht, eine Schutzfunktion ausübt. Nach der Gärung müssen Weine und Säfte möglichst dunkel gelagert werden. Auch starke Kunstlichteinwirkungen über längere Dauer sollen vermieden werden.

Lufteinfluß: Luft an sich ist vor der Gärung nicht von Nachteil, wenn nicht die in ihr enthaltenen Mikroorganismen zur Infektion führen würden. Nach der Gärung sollte der Lufteinfluß auf das technisch unvermeidbare Maß reduziert werden, damit keine größeren Oxidationen entstehen können; darunter versteht man die Übertragung von Sauerstoff an Weininhaltsstoffe, die dabei sowohl im Aussehen als auch im Geschmack verändert werden.

Mahlen: Zerkleinern oder Zerquetschen der Früchte, damit die Fruchtfleischzellen zerstört und der Saft (flüssige Phase) von den Trestern (feste Phase) getrennt werden kann.

Maische: Zerquetschte oder sonstwie zerkleinerte Früchte, die entweder abgepreßt oder nach Zusatz von Zuckerwasser (Maischegärung) vergoren werden. Bei Maischegärung muß jeweils ein großer Steigraum (etwa 50% des Volumens) im Behältnis freigelassen werden.

Maischegärungen werden durchgeführt, wenn entweder die Früchte einen hohen Pektingehalt aufweisen (Stachelbeeren, Erdbeeren, Mirabellen, Pflaumen, Aprikosen usw.) oder nur ein geringer Saftgehalt in den Früchten vorliegt (Hagebutten usw.) oder auch wenn sich die Farbstoffe in den Fruchtschalen oder -häuten (rote Trauben, Schlehen usw.) befinden. Die Gärzeit bei Maischen soll dann nicht über 1 bis 2 Wochen ausgedehnt werden, wenn die Fruchtsteine (Mirabellen, Schlehen usw.) oder noch grüne Pflanzenteile (z. B. bei Erdbeeren die Stiele und Kelchblätter) in der Maische sind. Während der Maischegärung muß täglich umgeschüttelt werden, damit der obenauf stehende Tresterhut immer wieder von der gärenden Flüssigkeit umspült wird, um eine optimale Extraktion zu erreichen.

Mäuselton: Weinfehler, der durch zu warme Lagerung *nach* der Gärung ausgelöst wird, wenn nicht rechtzeitig von der Hefe abgezogen und auch nicht geschwefelt wurde. Er tritt besonders bei säurearmen und speziellen Fruchtweinen auf (Stachelbeerwein, Orangenwein, Birnenwein).

Metalle: Da Fruchtsäfte und auch Weine Säure enthalten, greifen diese auch bestimmte Metalle, wie Eisen, Zink, Kupfer, an und lösen sie, so daß sich die Getränke nicht nur im Aussehen verfärben (dunkel), sondern auch geschmacklich nachteilig verändern (rauh, hart, metallisch). Aus diesem Grunde darf also weder ein Saft noch eine Maische oder ein Wein mit diesen Metallen in Berührung kommen. Aluminium ist weniger gefährlich, da es zumindest in den Säften kaum gelöst wird, in Weinen etwas. Edelstahlgeräte sind dagegen gut geeignet.

Mikroorganismen: Kleinlebewesen, die sich an allen Früchten, in Säften Mosten und Weinen befinden; sie können erwünschte Veränderungen (Gärung) oder auch unerwünschte Veränderungen (Säureabbau, Essigstich, Zähwerden, Kahmigwerden, Schimmelbildung usw.) hervorrufen. In der Regel kennen wir bei der Saft- und Weinbereitung drei Gruppen von Mikroorganismen: Hefezellen, Bakterien und Schimmelpilze; sie sind als Einzelzellen nur mit dem Mikroskop wahrnehmbar.

Milchsäure: Zur Aufsäuerung von säurearmen Getränken wird Milchsäure empfohlen, die meist 80%ig ist. Milchsäure hat deshalb den Vorzug vor anderen Säuren, weil es sich hierbei um eine stabile Säure handelt, die also nicht mehr abgebaut wird.

Mostgewicht: Wird in Deutschland mit der Öchslewaage schnell und (auch von Ungeübten) leicht bestimmt. Daraus lassen sich auch andere Zahlen wie Zuckergehalt, zu erwartender Alkoholgehalt in g/l oder Volumenprozent ableiten (s. Tabelle S. 113). Das Mostgewicht ist neben der Säure der wertbestimmende Bestandteil.

Nachgärung: Generell versteht man darunter einen weiteren langsamen Zuckerabbau und damit eine Alkoholerhöhung. Verläuft die Nachgärung noch im Lagerbehälter, kann sie erwünscht sein. Im geklärten Zustand oder nach der Abfüllung auf Flaschen sind Nachgärungen unerwünscht und bedeuten in der Regel eine Verschlechterung der Qualität. Damit es nicht zum Platzen der Flaschen kommt, müssen diese wieder entleert werden. Da hierbei auch der Restzuckergehalt zurückgeht, muß evtl. bei Dessertweinen eine spätere Nachsüßung mit Zucker als Geschmacksausgleich vorgenommen werden.

Naßkonservierung: Nur Holzfässer werden naßkonserviert, damit sie nicht leck (undicht) werden. Da das Wasser aber faulen würde, muß es mit schwefliger Säure konserviert werden. Für 100 l Wasser benötigt man 100 g Kaliumpyrosulfit und 50 g Zitronensäure. Es muß eine gründliche Durchmischung erfolgen und, da das Wasser in einem trockenen Keller etwas verdunstet, ist im Abstand von etwa vier Wochen mit einfachem Wasser aufzufüllen.

Öchslegrade: siehe Mostgewicht

Önologie: ist die Lehre um die Weinwissenschaft und ihre praktische Nutzanwendung.

Oxalsäure: kommt fast ausschließlich im Rhabarber vor und soll vor der Gärung schon ausgefällt und durch Milchsäure ersetzt werden. Oxalsäure, auch Kleesäure genannt, ist weniger bekömmlich als andere organische Säuren wie Weinsäure, Äpfelsäure, Milchsäure, Zitronensäure.

Pasteurisieren: nach dem französischen Naturwissenschaftler Louis Pasteur genannt; ist eine Erhitzung auf ca. 75 °C, um die in den Fruchtsäften und Weinen enthaltenen Mikroorganismen abzutöten. Diese Temperatur reicht aber für Gemüsesäfte oder sonstige säurearmen Säfte nicht aus.

Pektine: Sind, vereinfacht gesagt, die Kittsubstanz der Fruchtfleischzellen, sie halten den Fruchtsaft fest und erschweren das Abpressen. Bei der Saft- und Weinbereitung müssen diese abgebaut werden und zwar mit pektinspaltenden Enzymen, wie z. B. das *KITZINGER ANTIGEL*. Bei Erhitzung oder Erwärmung pektinreicher Früchte und Maischen quellen Pektine auf und die Maischen lassen sich kaum noch abpressen. Sie müssen dann mit pektinspaltenden Enzymen (Fermenten) behandelt werden. Bei Zusatz dieser Mittel darf die Temperatur der Maische aber nicht über 50 °C liegen, denn dadurch würden die Enzyme zerstört werden (inaktiviert). Im niederen Temperaturbereich ist eine langsamere Wirkung feststellbar.

Rappen: Stiele der Trauben, an denen die Beeren sind. Diese Rappen sollen möglichst vor der Gärung der Rotweinmaischen entfernt werden, da sie einen unangenehmen (rappigen) Geschmack abgeben. Man vergärt also bei Rotweinmaischen nur die Beeren.

Reinzuchthefe: siehe Hefe

Restsüße: Der im vergorenen Wein enthaltene Restzucker, der als Geschmacksausgleich zum Alkohol und zur Säure dient. Diese Restsüße ist aber nur dann stabil, wenn der Wein schon einen sehr hohen Alkoholgehalt hat (über 13 bis 15 Volumenprozent), oder wenn der Wein mittels anderer Verfahren (Entkeimungs-Filtration oder Erhitzung) stabilisiert wurde. Der Gehalt an Restzucker richtet sich nach der Säure, d. h. eine hohe Säure verlangt eine höhere Restsüße, eine geringe Säure eine geringere Restsüße.

Rübenzucker: Dient in der Regel als Zusatz zu Säften, die von Natur aus einen zu geringen Zuckergehalt aufweisen, woraus ein alkoholarmes Getränk entstehen würde. Dieser Zucker ist direkt nicht vergärbar (weshalb man auch in einer reinen Rübenzuckerlösung keinen Gäransatz machen kann). Durch die Gärung wird aber der Zucker in Fruchtzucker und Traubenzucker aufgespalten, die dann zu Alkohol umgesetzt werden. Rübenzucker ist chemisch das gleiche wie Rohrzucker (Saccharose)

Rütteln: Bei der Sektherstellung nach dem Flaschengär-Verfahren müssen die Flaschen häufig gerüttelt werden, wobei sich die Hefe langsam an der Flaschenmündung über dem Kork absetzt. Damit wird also der Flaschensekt gleichzeitig klar.

Säure: Die Gesamtsäure eines Saftes, Mostes oder Weines; in den Früchten kommen jeweils einzelne Säuren oder auch mehrere zusammen vor. In Traubenweinen befinden sich z. B. Weinsäure und Äpfelsäure, aus dieser letzteren kann dann noch Milchsäure entstehen. In manchen Früchten befindet sich nur Zitronensäure, manchmal auch in Mischung mit Apfelsäure. Diese Säuren werden als Gesamtsäure bestimmt (in der Praxis meist titrometrisch) und als Weinsäure berechnet. Während und nach der Gärung können nen noch Milchsäure und Essigsäure (unerwünscht) entstehen.

Schaumwein: In Deutschland ist der andere Begriff Sekt eher bekannt. Hierbei handelt es sich um ein alkoholisches Getränk, das in Sektflaschen abgefüllt ist und einen Mindestdruck von 3,5 bar aufweisen muß. Der Druck wird dabei vom Kohlendioxid erzeugt, das entweder der Gärung entstammt oder das nach einem besonderen Verfahren (Imprägnierung) wieder zugesetzt wurde. Nur dickwandige Flaschen mit Hohlboden sind für Schaumweine geeignet.

Schönung: Vorgang, bei dem technische Hilfsstoffe einem Getränk zugesetzt werden, um bereits vorhandene Trubstoffe zu entfernen oder in Lösung befindliche, aber unstabile Stoffe auszuschneiden (Eiweiß, Metall, Weinstein usw.). Wenn man in Schwebe befindliche Trubstoffe, Hefezellen, Bakterien oder Kolloide zum Absetzen bringen will, spricht man auch von *Klärung*. Je nach der elektrischen Ladung dieser Trubstoffe müssen unterschiedliche Schönungsmittel (Klärmittel) zugesetzt werden (z. B. Bentonit, Kieselsol, Gelatine, Agar-Agar, Tannin usw).

Schwefeln: Alle Weine müssen mehr oder weniger geschwefelt werden, wenn sie gesund und im Aussehen ihre natürliche Farbe behalten sollen. Durch die Zugabe von Schwefeldioxid in Form von Kaliumpyrosulfit oder einer wässrigen Lösung werden chemische Reaktionen unterbunden, ebenso werden mikrobiologische Veränderungen weitgehend verhindert. Kaliumpyrosulfit ist die gebräuchlichste Form des Schwefelns, da die Dosierungen genau vorgenommen werden können. Durch Zusatz von 1 g Kaliumpyrosulfit auf 10 l Flüssigkeit (1 kleine Tablette) bekommt der Wein 50 mg freie Schwefelsäure/l. Leere Holzfässer werden zum Schutz gegen Schimmelbildung mit dünnen nichttropfenden Schwefelschnitten eingebrannt.

Spezifisches Gewicht: Siehe Mostgewicht und Tabelle S. 113.

Stoppen der Gärung: Grundsätzlich sollte man eine Gärung nicht unterbrechen, da die Gefahr einer späteren Nachgärung entsteht. In gewerblichen Betrieben kann ein Gärstop herbeigeführt werden durch Erhitzung auf etwa 75 °C (Pasteurisieren, wenn z. B. die Gefahr des Essigstichs besteht) oder durch Entfernen der Hefezellen mittels Filterschichten (rein mechanisch). Ein Gärstop durch Zusatz von Konservierungsmittel ist nicht möglich.

Verbesserung: Darunter versteht man im eigentlichen Sinn eine Zuckerung eines Saftes oder Mostes vor der Gärung, um durch die Gärung genügend Alkohol zu erreichen. Diese Verbesserung kann auch bei Apfelmosten nach der Gärung vorgenommen werden, wenn sich herausstellt, daß zuwenig Alkohol vorhanden ist. Überwiegend eine Erhöhung des Alkoholgehaltes, der zur besseren Haltbarkeit des Weines beiträgt. Eine geschmackliche Verbesserung wird nicht angestrebt.

Verschlüsse: Während früher ausschließlich Naturkorken (siehe Korken) als Flaschenverschlüsse verwendet wurden, werden in der neueren Zeit auch Kunststoffkorken und Kronkorken im Haushalt verwendet. Heute ist es möglich, mit kleinen handlichen Apparaten nicht nur Naturkorken, sondern auch Kronkorken aufzusetzen.

Vinometer: kleines Meßinstrument (Glasröhrchen), mit dem man den Alkoholgehalt eines Weines in etwa messen kann.

Versieden von Most: Bei der Gärung entsteht Wärme, die bei kleineren Behältern zum größten Teil abgestrahlt wird. In größeren Behältern und auch bei isolierten Gefäßen kann ein Wärmestau entstehen, so daß die Temperatur über 30 °C ansteigt. Über diesem Temperaturbereich kommt es dann zum Versieden, wobei die Hefezellen absterben.

Weinsäure: siehe Säure

Zitronensäure: siehe Säure